Jornada Métricas

Organização e Curadoria

Antonio Muniz
Cíntia Guberovic
Maria Goreti Macena
Thalita Fabro

Jornada Métricas

Uma abordagem prática

BRASPORT

Rio de Janeiro
2024

Editor: Antonio Muniz
Produção Editorial: Marina dos Anjos Martins de Oliveira
Editoração Eletrônica: Rinaldo Mickus
Capa: Rinaldo Mickus

Dados Internacionais de Catalogação na Publicação (CIP)
(Câmara Brasileira do Livro, SP, Brasil)

Jornada métricas : uma abordagem prática /organização e curadora Antonio Muniz...[et al.]. -- Rio de Janeiro :Brasport Livros e Multimídia, 2024.

Outros organizadores: Cíntia Guberovic, MariaGoreti Macena, Thalita Fabro.
Bibliografia.
ISBN 978-65-6096-025-1

1. Estudo de casos 2. Métricas 3. Tecnologia I. Muniz, Antonio. II. Guberovic, Cíntia. III. Macena, Maria Goreti. IV. Fabro, Thalita.

24-223456 CDD-660.02

Índices para catálogo sistemático:

1. Métricas : Tecnologia 660.02
Aline Graziele Benitez - Bibliotecária - CRB-1/3129

BRASPORT Livros e Multimídia Ltda.
Rua Washington Luís, 9, sobreloja – Centro
20230-900 Rio de Janeiro-RJ
Tel./Fax: (21)2568.1415
e-mails: marketing@brasport.com.br
vendas@brasport.com.br
administrativo@brasport.com.br
www.brasport.com.br

Agradecimento aos patrocinadores do livro

Advisor 10X

Somos referência em práticas ágeis, *DevOps*, SRE e qualidade de software com serviços de consultoria, mentoria, palestras, cursos *on-line* e alocação de profissionais especializados Advisor Prime.

Nossos clientes também multiplicam resultados com o método exclusivo Advisor Fast, que valoriza o repertório das suas equipes e respeita o contexto de cada empresa.

<https://advisor10x.com.br/>

<contato@advisor10x.com.br>

Businessmap

A Businessmap é a plataforma de software mais flexível para agilidade em escala com foco em resultados.

Nossa solução consolida várias ferramentas em uma, possibilitando uma implementação orgânica em grande escala, visibilidade de todos os projetos/portfólios e alinhamento a objetivos, para entregar trabalho de qualidade mais rapidamente.

Aliado às nossas trilhas de capacitação e consultoria, entregamos uma solução personalizada com ROI excepcional.

<https://businessmap.io>

Sobre a Jornada Colaborativa

Juntos somos mais inteligentes e transformamos mais vidas!

Era uma vez um professor universitário que sonhava lançar um livro quando finalizou o mestrado em 2007.

Depois de algumas ideias para publicação em temas como certificação Microsoft, gestão de projetos e gestão de serviços, o sonho começou a ser concretizado em 2017 com o livro *Jornada DevOps*, mas alguns obstáculos travaram sua evolução após a definição da estrutura final para a certificação oficial EXIN e a escrita de três capítulos.

Em setembro de 2018, durante uma palestra na PUC Minas, surgiu um *click*: "será que outras pessoas apaixonadas por *DevOps* ajudariam com a escrita colaborativa?" Dezenas de pessoas aceitaram o convite e o livro foi lançado para 350 pessoas no dia 06 de junho de 2019 no Centro de Convenções SulAmérica no Rio de Janeiro, após um intenso trabalho coordenado com pessoas de várias cidades que nunca haviam trabalhado juntas antes.

Após essa experiência bem-sucedida com muitos aprendizados, a escalada dos times gerou grandes amizades, novas iniciativas e doação de R$ 553 mil para instituições com o lançamento de 41 livros com empresas amigas como Globo, Lojas Renner, Banco PAN, Banco Carrefour.

Sonhamos transformar mais vidas unindo a inteligência coletiva de especialistas, as comunidades e as empresas amigas...

<https://www.jornadacolaborativa.com.br/>
<https://www.linkedin.com/company/jornadacolaborativa/>
contato@jornadacolaborativa.com.br

Apresentação

Em minha atuação como empresário e *advisor* de agilidade e tecnologia, tenho uma grande interação com executivos, empresários e conselheiros cada vez mais interessados em iniciativas que melhorem resultados de negócio. As métricas tornam-se uma prática cada vez mais importante no mundo digital em que vivemos.

A história do livro *Jornada Métricas* começou no evento HDI Experience, no Club Med, em setembro de 2023, conversando com várias pessoas amigas, incluindo a Cintia e a Goreti durante o lançamento do livro *Jornada ESM*. Após alguns dias, refleti que tinha total sentido aprofundar esse importante tema em um novo livro colaborativo e pensei em alguns nomes para compor o time organizador e a curadoria. Fiquei muito animado com o forte engajamento da Cintia desde a estruturação inicial dos capítulos com a ideia de *cases* e tivemos também o reforço de um timaço na curadoria: Goreti e Thalita.

A escolha das pessoas para o time de coautores com experiências diversificadas teve uma criteriosa avaliação dos *cases* e foi uma surpresa positiva porque tivemos uma rápida adesão de grandes feras que vivenciam diariamente a adoção de métricas em variadas empresas.

Parabéns ao nosso timaço!

Aproveite esse conteúdo incrível!

Antonio Muniz

Fundador da Jornada Colaborativa, CEO Advisor10X

Critérios para seleção dos *cases*

Objetivo

Promover o uso de métricas e mostrar ao leitor como elas podem ser utilizadas como alavanca de resultados através do acompanhamento *data driven*.

Qual a estrutura esperada

Consideramos os casos de uso dentro da estrutura proposta, observando os seguintes critérios mínimos:

1. **O quê?** Qual dor precisava ser sanada? Cenário inicial.
2. **Por quê?** Qual o propósito de utilizar o sistema de medição escolhido?
3. **Como?** Como se deu o processo de utilização da métrica? O que funcionou, o que não funcionou, lições aprendidas.
4. **Resultado?** Evidencie os resultados de negócio atingidos e quais benefícios foram percebidos a partir da adoção da métrica.

Categorias do livro

Trabalharemos com quatro categorias. São elas:

1. Métricas de produtos digitais

Referem-se a medidas quantitativas e qualitativas utilizadas para avaliar o desempenho, a eficácia e o sucesso de produtos digitais, como aplicativos, *websites*, plataformas *on-line* e outros produtos que existem no ambiente digital. Essas métricas são cruciais para ajudar a entender como os usuários interagem com os produtos, identificar áreas de melhoria e tomar decisões informadas para otimizar a experiência do usuário e atingir os objetivos de negócios.

2. Métricas de serviços

Referem-se a medidas quantitativas e qualitativas utilizadas para avaliar o desempenho e a eficácia de serviços oferecidos por uma empresa. Essas métricas são fundamentais para entender como os serviços estão sendo entregues, identificar áreas de melhoria e garantir a satisfação do cliente. As métricas de serviços são frequentemente utilizadas em setores como atendimento ao cliente, suporte técnico, consultoria e outras áreas em que a prestação de serviços é parte fundamental do negócio.

3. Métricas de conhecimento

Referem-se a medidas usadas para avaliar o desempenho, a qualidade e a eficácia dos processos de gestão do conhecimento em uma organização. A gestão do conhecimento envolve a criação, o compartilhamento, a disseminação e a utilização eficiente do conhecimento dentro de uma empresa. Essas métricas são cruciais para entender como a organização está gerenciando e beneficiando-se do seu capital intelectual.

4. Métricas de qualidade e experiência

São indicadores que medem a qualidade dos produtos ou serviços oferecidos por uma empresa e a experiência geral dos usuários ou clientes ao interagir com esses produtos ou serviços. Essas métricas são fundamentais para avaliar o desempenho de uma empresa na entrega de valor aos seus clientes e para identificar áreas de melhoria.

SUMÁRIO

Introdução

No mundo corporativo contemporâneo, a capacidade de mensurar e avaliar o desempenho é fundamental para a sobrevivência e o sucesso das organizações. As métricas fornecem uma base objetiva para entender como processos, projetos e equipes estão progredindo em direção aos seus objetivos estratégicos.

Os diferentes domínios das métricas – ambiente, negócio, fluxo e técnico – serão adotados nos casos de uso, fornecendo uma visão holística da performance organizacional. Saiba reconhecê-los com estas orientações:

1. **Métricas de ambiente** medem fatores relacionados ao ambiente de trabalho e à cultura organizacional. As métricas de ambiente ajudam a avaliar a saúde e o bem-estar dos colaboradores, o que pode influenciar diretamente a produtividade e a satisfação no trabalho. Elas são cruciais para entender o clima organizacional e identificar áreas de melhoria na gestão de pessoas. Exemplo: taxa de rotatividade de funcionários.

2. **Métricas de negócio** estão diretamente ligadas aos resultados financeiros e à satisfação do cliente. Elas fornecem *insights* sobre a eficiência operacional da organização e ajudam a medir o sucesso em termos de valor entregue ao cliente e eficiência financeira. **Exemplo:** receita por colaborador, *Net Promoter Score* (NPS).

3. **Métricas de fluxo** monitoram a eficiência e a eficácia dos processos internos. Elas ajudam a identificar gargalos e ineficiências, permitindo a otimização dos fluxos de trabalho, sendo essenciais para melhorar a velocidade e a qualidade da entrega de produtos e serviços. **Exemplo:** tempo de ciclo.

4. **Métricas técnicas** avaliam aspectos técnicos da performance, como a qualidade do código e a frequência de *deploys*. Elas garantem que os aspectos técnicos dos produtos e serviços atendam aos padrões de qualidade e eficiência. Elas são fundamentais para manter a robustez e a confiabilidade das soluções tecnológicas. **Exemplo:** tempo médio de reparo (MTTR).

Importante abordar também nesta introdução o aspecto conceitual no estudo das métricas, para melhor entendimento do tema e dos casos de uso.

Métricas são medidas quantitativas específicas usadas para monitorar e avaliar a performance de diferentes aspectos dentro de uma organização. Elas fornecem dados detalhados que ajudam a entender como os processos estão funcionando.

As métricas são a base para a análise de desempenho e identificação de áreas que precisam de melhorias. **Exemplo:** taxa de defeitos por mil linhas de código em um software.

Metas são objetivos específicos e mensuráveis que uma organização se propõe a alcançar dentro de um determinado período. Elas são aspirações concretas que guiam os esforços de todos na organização.

As metas ajudam a concentrar os esforços e a medir o progresso ao longo do tempo. **Exemplo:** reduzir a taxa de defeitos em software para menos de 1% em seis meses.

OKRs (*Objectives and Key Results*) são um *framework* para definir metas que combina objetivos qualitativos (*Objectives*) com resultados-chave mensuráveis (*Key Results*). Os objetivos descrevem o que se quer alcançar, enquanto os resultados-chave explicam como medir o progresso.

Os OKRs promovem alinhamento e clareza, ajudando a todos na organização a entender o que deve ser alcançado e como medir esse progresso. Eles incentivam a transparência e o foco nos resultados.

Exemplo:

- ***Objective:*** melhorar a qualidade do software.
- ***Key Results*:**

1. Reduzir a taxa de defeitos em 50% nos próximos três meses.
2. Aumentar a cobertura de testes automatizados para 90%.

KPIs (*Key Performance Indicators*) são indicadores-chave de desempenho que medem a eficácia das ações em alcançar os objetivos estratégicos da organização. Eles se concentram em áreas críticas para o sucesso da empresa.

Os KPIs fornecem uma visão focada e estratégica do desempenho da organização. Eles permitem ajustes rápidos para melhorar a performance. **Exemplo:** satisfação do cliente medida pelo *Net Promoter Score* (NPS).

Indicadores são sinais ou medidas que fornecem informações sobre a performance em relação aos objetivos estabelecidos. Eles podem ser usados para monitorar tanto o desempenho atual quanto o progresso em direção a metas futuras.

Indicadores são fundamentais para a tomada de decisões informadas. **Exemplo:** a taxa de retenção de clientes mês a mês.

Os ***leading indicators*** permitem ajustes antes que problemas ocorram, enquanto os ***lagging indicators*** avaliam o sucesso das ações passadas.

- ***Leading indicators*** (indicadores antecipatórios): são métricas preditivas que antecipam futuros desempenhos e resultados. Eles ajudam a identificar tendências para alcançar os objetivos. Exemplo: o número de novos leads gerados por mês pode ser um *leading indicator* das futuras vendas.

- ***Lagging indicators*** (indicadores de resultado): são métricas que refletem a performance passada. Eles são úteis para avaliar se os objetivos foram alcançados, mas não ajudam a prever o desempenho futuro. Exemplo: o lucro anual da empresa é um *lagging indicator*, pois reflete o desempenho financeiro após o período analisado.

Este livro compila uma série de estudos de caso onde o uso de métricas foi decisivo na resolução de problemas reais enfrentados por diversas empresas, cujas identidades em alguns casos foram anonimizadas para preservar a confidencialidade.

Aqui você encontrará uma abordagem detalhada sobre como diferentes tipos de métricas – incluindo KPIs, OKRs e indicadores – foram implementados e como contribuíram para a tomada de decisões eficazes, a melhoria contínua e o alcance dos objetivos estratégicos.

A importância de métricas bem definidas não pode ser subestimada. Elas servem como uma linguagem comum que alinha todos os níveis da organização em torno de metas compartilhadas. Quando bem aplicadas, as métricas possibilitam uma gestão baseada em evidências, proporcionando clareza sobre o que está funcionando e o que precisa ser ajustado.

Cada caso ilustra a aplicação prática de conceitos teóricos, demonstrando como a medição e a análise de dados podem levar a melhorias significativas em desempenho e eficiência.

Esperamos que este livro inspire líderes e profissionais a adotarem uma cultura de mensuração e melhoria contínua em suas organizações. Que estas páginas sirvam como um guia prático para transformar dados em ações e ações em resultados.

1. *User story review* (revisão de histórias de usuários) e seus indicadores

***Luiz Alvaro Wienc*[1]**

Período de acompanhamento:	05/2001 a 10/2023
Segmento da empresa:	Financeiro
Quantidade de colaboradores:	400 colaboradores na tribo

1.1. Cenário inicial

Em 2014 me tornei PO (*Product Owner* ou Dono do Produto) e com isso vieram os desafios de liderar um time multidisciplinar, priorizar a lista de necessidades, gerenciar *stakeholders* (partes interessadas), gerir ou liderar as cerimônias do ágil e escrever histórias de usuários. O dia a dia do PO exige que ele gerencie muito bem seu tempo, e nisso eu me sentia muito bem, porém comecei a receber *feedbacks* do time sobre as minhas histórias de usuários: elas não eram tão bem

[1] <https://www.linkedin.com/in/luizalvarowienc/>.

escritas, e eu sempre precisa explicar ao time com mais detalhes o seu objetivo.

O *Tech Lead* (Líder Técnico) do time me chamou e me deu uma aula de como escrever boas histórias de usuários: explicou como trazer mais detalhes e ensinou uma técnica para criar cenários de teste, o BDD (*Behaviour Driven Development* ou desenvolvimento orientado por comportamento), que me ajudou muito a contextualizar minhas histórias de usuários, fazendo com que o time trabalhasse de forma mais autônoma.

Alguns anos depois, em 2019, assumi como Líder de Produtos na tribo de pagamentos, que nesse época era formada por dez *squads* (times multidisciplinares compostos por pessoas de diferentes áreas – tecnologia, negócios, experiência do usuário, entre outros). Eu era líder de dez POs, e uma das minhas metas era transformar as pessoas que estavam atuando meramente como tiradores de pedido das áreas de negócios e pares em pessoas com o foco em "produtar" de fato plataformas e serviços.

Já fui instrutor em escola de informática e sou autodidata, e um dos meus primeiros planos foi fazer uma série de treinamentos sobre a escrita de histórias de usuários, sobre como quebrar histórias de usuários, sobre criação de *backlog* (lista de necessidades), sobre priorização. A ideia era primeiro ensinar as pessoas do time e mostrar o caminho para ter qualidade e completude, e com isso equalizar o conhecimento entre todos. Com essa parte realizada, os POs poderiam se dedicar a "produtar".

Alguns meses depois, a tribo tinha crescido tanto que já estávamos com 18 *squads*. Com isso, foi criada uma reunião mensal com meus pares Líderes Ténicos na tribo. Comecei a ser questionado sobre a qualidade da escrita de histórias de usuários, pois estávamos tendo muito retrabalho nas entregas, entregas não completas, entregas com erros, tendo que refazer uma entrega porque não foram especificadas necessidades básicas, como dados e notificação para clientes. Foi então que iniciei a busca por um *framework* para evoluirmos com essas métricas de qualidade e implantação.

1.2. A busca pela métrica mais adequada ao nosso contexto

Como início de tudo, eu precisava buscar o que estava acontecendo: fui fazer uma "pesquisa em campo" – mas não com os usuários finais, e sim com os *squads*, com as pessoas envolvidas no processo. Veja as dores identificadas.

1.2.1 Mapeamento e conversas com o time

Incialmente, abri o *board* (quadro) de histórias (você pode usar Jira, Kanboard, Trello ou ferramenta própria) de cada PO e constatei que mais de 90% das histórias de usuários tinham apenas uma linha escrita. E agora?

Chamei cada pessoa do meu time para fazer algumas perguntas e entender o que estava acontecendo:

- Por que só tem uma linha escrita?
- Por que não está escrevendo as histórias de usuários no padrão e com os critérios de aceite?
- Quanto tempo dura suas sessões de refinamento (cerimônia para detalhar as histórias de usuários)?
- Quais são as pessoas e os papéis que participam do refinamento?
- Como o time sabe o que precisa ser feito?
- Como estão os indicadores de entrega do seu squad?

Após a conversa com o time, expandi essas mesmas perguntas a outros membros, como o *Tech Lead* (Líder Técnico), QA (*Quality Assurance* ou engenheiro responsável pela qualidade e execução dos testes), e as respostas foram sempre as mesmas. Veja a seguir alguns números.

1.2.2 Resultado das conversas

Em 80% dos casos foi relatado que, por falta de tempo, escrever apenas uma linha era suficiente, pois durante a sessão de refinamento os detalhes eram explorados.

Em 50% dos casos, essa sessão de refinamento acontecia mais de uma vez na mesma história, quer saber por quê?

1. Como o PO (*Product Owner* ou Dono do Produto) não tinha todas as informações para as dúvidas de quem estava refinando com ele, ele precisa voltar com a área de negócios ou área par e perguntar.

2. A pessoa que ia executar a história do usuário não era a mesma que fazia o refinamento.

3. A pessoa que ia executar teve um imprevisto, assumiu outra história para fazer ou ficou indisponível.

4. Ao iniciar o desenvolvimento, se a pessoa percebia que faltavam informações, a história era parada ou necessitava de novo refinamento.

5. As informações passadas no refinamento estavam anotadas no "caderninho" e não nas ferramentas *on-line*.

6. É mais fácil ligar para o PO ou o *Tech Lead*.

Diante de tudo isso, chegamos a um número de seis a oito horas de refinamento, sendo que o comum seria uma hora.

1.3. Como se deu o processo de implantação e acompanhamento

A partir dessas informações, fui buscar alternativas para implementar um novo modelo de escrita de histórias de usuários, um que "hackeasse" (quebrasse o ciclo) os pontos que faziam com que os POs estivessem deixando de trazer as necessidades ou fazendo com que eles tivessem retrabalho. A seguir, o modelo de escrita de histórias de usuários:

Eu (como usuário)
Quero/Preciso (qual a necessidade)
Para (qual o fim, o objetivo)

O que fiz foi incluir ANTES desse padrão algumas informações básicas que ajudam na escrita da história de usuário.

Tabela 1.1. Informações básicas para escrita da história de usuário. Fonte: o autor.

Necessidade (escrever de forma simples o que precisa ser feito)
Regras de negócios (deixar "explícito") Área de contato Volumetria Premissas e regras Fora do escopo Canais contemplados
Dados (existe a necessidade de ter dados? Se sim, já existe uma tabela? Se sim, qual? Se não, será criada?)
Notificações (o cliente será notificado por *push*, SMS ou e-mail? Se sim, o que deve conter? Verificar se as informações para o disparo estão disponíveis)
Informações regulatórias (se é uma iniciativa que possui regulamentação, coloque o *link* da lei)

Após essas informações básicas (podem ser adaptadas para o tipo de empresa do time e da necessidade), vem então a escrita da história de usuário.

Tabela 1.2. Informações de visão do usuário. Fonte: o autor.

Visão do usuário:
Eu (como usuário)
Quero/Preciso (qual a necessidade)
Para (qual o fim, o objetivo)

Para que eu, como PO, considere essa história como entregue, é muito importante acrescentar critérios de aceite, pois isso garantirá que tudo que você escreveu estará aqui para que o time entregue o necessário.

Tabela 1.3. Critérios de aceite. Fonte: o autor.

Critérios de aceite:
DADO
QUANDO
ENTÃO

Lembre-se de criar critérios de aceite FELIZES e INFELIZES (onde não ocorre o fluxo perfeito/desejado). Aqui é possível colocar mensagens de orientação ao usuário, por exemplo.

Por último, e não menos importante, temos:

Tabela 1.4. Interdependências e roteiro de testes funcionais. Fonte: o autor.

Interdependências (se existir alguma dependência em relação a outra história de usuário ou time, deixe aqui declarado, assim ajuda a pessoa que vai puxar essa história se ela está de fato DOR (*Definition Of Ready* ou Definição de Pronto)
Planejamento de testes (inserir RTF – Roteiro de Testes Funcionais)
Detalhamento técnico (inserir o que o *Tech Lead* (Líder Técnico) ou Engenheiros ou Arquitetos entenderem ser necessário para o desenvolvimento dessa história).

Então, o que achou do modelo? 'Bora usar! Preparei um treinamento para o time e aguardei os resultados.

1.3.1 Agora sim, tudo funcionou – qual é o próximo passo?

O próximo passo não aconteceu – isso mesmo, não aconteceu. E agora? Eu acreditava que criar esse novo modelo de histórias de usuários seria o suficiente, que o time veria valor e começaria a utilizar, porém, com o dia a dia cheio de tarefas e responsabilidades, o PO não queria utilizar um modelo onde teria que escrever mais do que uma linha. Para eles, soava como mais trabalho.

Após um mês, voltei para o processo de acompanhar, ver as histórias, falar com meus pares. Mas novamente não estavam evoluindo. Eu precisava pensar em algo para resolver. Foi então que lembrei que, em um dos *squads*, o time de desenvolvedores falava sobre o *code review* (revisão de código), que tem o objetivo de encontrar e apontar falhas, *bugs* ou oportunidades de aprimoramento no software. A revisão pode ser feita por pares, mas o mais importante é a compreensão do código e a disseminação das lições aprendidas entre as pessoas.

BINGO! Como eu posso levar isso para as histórias de usuários? Chamei um dos meus pares técnicos e pedi para ele me explicar melhor como era, como funciona, quais os ganhos e como aplicar.

1.3.2 É criado o *framework User Story Review* (revisão de histórias de usuários)

Após o entendimento, estruturei como seriam as sessões e fui a campo testar com o time. Antes de levar a 100% da equipe, decidi escolher os POs que tinham as escritas de histórias mais consistentes, com informações detalhadas, para testar o modelo e com isso chegar na melhor forma de fazer a sessão de *User Story Review* (revisão de histórias de usuários).

Conforme o modelo ia ganhando consistência e resultados, fui expandido para os demais do time. Em três *releases*[2] já estavam todos os POs fazendo as sessões. Elas são assim:

- Sessões de 30 a 60 minutos
- A cada *Sprint*, uma ou duas histórias de usuários
- Quem for fazer, precisa saber fazer perguntas, mesmo que básicas
- As recomendações e os ajustes devem ser feitos na mesma sessão
- Garantir que nada está IMPLÍCITO
- Parceria com o time técnico

As sessões eram feitas por mim (ainda faço hoje em dia). Eu observo a maturidade das pessoas, vendo quais possuem habilidade para serem revisores. Fui aos poucos deixando essas pessoas conduzirem as sessões de *User Story Review* (Revisão de Histórias de Usuários) com seus pares ou novos POs.

O segredo para o sucesso desses *frameworks* no início é a consistência, pois a forma de as pessoas pensarem ou trabalharem não muda do dia para a noite. Muitos reclamaram e não enxergaram valor – não digo isso apenas do meu time de POs, mas dos demais membros da equipe. O trabalho de mostrar os benefícios passou por etapas. Quando o time já estava adaptado ao modelo, fui apresentar o modelo num fórum para toda a tribo. Enquanto apresentava, alguns questionavam e reclamavam que agora precisavam ler (isso mesmo, reclamavam que precisavam ficar lendo em vez de falar diretamente com o PO). Porém, paralelamente, eu recebia muitos elogios e palavras de incentivo, pois os mais jovens, ou aqueles que haviam mudando de *squad*, já tinham entendido o valor agregado desse modelo de escrita de histórias de usuários. Outros que já tinham mudado de tribo

2 Liberar, lançar, na tradução literal do português. Para quem trabalha com *Scrum*, é a forma de organizar o lançamento das iniciativas, planejar as prioridades e definir os objetivos. Se esses termos não forem familiares, procure livros como *Jornada Ágil e Digital*, *Jornada Ágil Além da TI*, *Jornada Ágil de Processos* e *Jornada da Transição para Agilidade*, todos lançados pela Brasport.

estavam levando o modelo para suas novas tribos, fazendo com que o modelo perdurasse até hoje, não apenas na tribo de pagamentos, mas em outras também.

1.4. Resultados alcançados

1.4.1 Intangíveis

Esse modelo de *framework* dedicado à escrita de histórias de usuários possibilitou resultados qualitativos:

- Quando um PO (*Product Owner*) ou *Team Member* (membro do time) troca de *squad*, a pessoa demorava um tempo longo para se adaptar. Com o padrão de escrita de histórias, a pessoa rapidamente se adapta ao modelo de trabalho do time, precisando apenas conhecer o produto.
- Promovemos *workshops* em diversos times para expandir o modelo.
- Participação em *podcast* para falar sobre o modelo e como funciona o *User Story Review*.

1.4.2 Tangíveis e metrificáveis

- Alguns resultados com a adoção do *User Story Review*:
- Redução do *lead time*[3] de *features*[4]: de 128 dias úteis para 62 dias úteis, redução de 52% do tempo gasto, sendo 62 dias úteis a quantidade média de dias úteis numa *release* (três meses).
- Redução do *lead time* de histórias de usuários: de 64 dias úteis para 14 dias úteis, redução de 78% do tempo gasto – 15 dias úteis correspondem a uma *Sprint* de três semanas.

---

[3] O *lead time* acompanha quanto tempo leva do início da ideia até a sua entrega.
[4] *Feature* é a entrega de um serviço ou produto.

- Aumento da eficiência das histórias de usuários: esse indicador é utilizado para estimar a eficiência – quanto menor esse indicador melhor. Ele é calculado por meio de uma série de fatores, mas, em resumo, levamos em conta o tamanho em horas x o valor agregado daquela história. Houve uma queda de 18 para 4, redução de 78% na eficiência da história, sendo que algumas histórias de usuários chegaram a 0,97% de eficiência.
- Diminuímos as implantações com erros: a cada dez implantações, quatro estavam com algum erro ou precisavam ser refeitas. Atualmente temos menos de 1% de taxa de implantações com erro, sendo que em alguns meses chegamos a zero.
- Aumentamos a quantidade de entregas por mês, saindo de 10 para 25.
- Redução de 75% de *turn over*[5] de POs no meu time.

1.5. Aprendizados

Durante a escrita de história de usuários, é bom tomar cuidado com algumas armadilhas. Gosto de classificar assim:

1. Não deixe nada implícito.
2. O que você sabe outras pessoas podem não saber, ou seja, ninguém tem a mesma experiência.
3. Comece pequeno, evolua as escritas de história de usuários conforme você evolui também.
4. Não desperdice energia: se alguém perguntou algo, incluir na história e nas próximas.
5. Não deixe de conversar com o time e mostre valor nesse processo de escrita de história.

[5] Rotatividade de pessoas.

1.6. Sobre o autor

Eu me chamo Luiz Alvaro Wienc (Vienque) e atuo com Gerente de Produtos Digitais.

Há mais de 18 anos trabalho com produtos e serviços financeiros, sempre ouvindo o cliente para garantir a qualidade das entregas.

Como Líder de Produtos na comunidade de pagamentos, sou responsável pela execução de projetos de pagamentos digitais (exemplo: PIX, OPB, débitos), com foco em digitalização e centralização no cliente. Venho atuando e aplicando metodologia de desenvolvimento ágil em mais de 15 times, sempre antecipando o valor agregado ao negócio.

Sou apaixonado por produtos digitais, curioso e tenho perfil inovador. Profissional habilitado para a gestão de cadeias de valor, gestão do ciclo de vida de produtos (elaboração e condução de *discovery*, *inceptions* e acompanhamento do *deploy*, *growth hacking*), conhecimento e habilidade na gestão de pessoas, clientes, atingimento de metas e OKRs.

Músico desde que me conheço, apaixonado por instrumentos de sopro, toco trompete e saxofone desde adolescente!

1.6.1 Meu papel na aplicação do *case*

GPM (*Group Product Manager*) ou Líder de Produtos

2. Métricas como forma de encantar seus clientes

Flavio Botrel Castro[6]
Luiz Fernando Bié[7]

Período de acompanhamento:	01/2023 a 12/2023
Segmento da empresa:	Instituição financeira
Quantidade de colaboradores:	100 mil

2.1. Cenário inicial

1. Antes de começarmos essa jornada, precisamos pedir para você que está lendo este capítulo...vamos fazer alguns combinados?
2. Separe uma página em branco (isso mesmo, *rs*), seja um bloco de notas no celular, folha de papel... enfim, algo onde você possa anotar cada *insight* que surgir aqui (serão muitos).

[6] <https://www.linkedin.com/in/flaviobcastro/>.

[7] <https://www.linkedin.com/in/luiz-fernando-bié>.

3. Desligue o celular.
4. Esteja num lugar onde você possa de fato mergulhar nessa leitura.
5. Priorize se esse momento é seu e vai fazê-lo superar algum grande desafio na sua história como líder, empreendedor, profissional.

Agora sim, 'bora lá? *Let's bora* e boa leitura :-)

Nossa história começa em 2022. Tínhamos em média 150 reclamações críticas de clientes no cenário de "alta renda" no consumo da posição de investimentos nos canais eletrônicos (*mobile, internet banking, SuperApp* etc.), que na maioria dos casos ou estavam indisponíveis ou com problemas agudos de acurácia de dados durante todo o ano.

Só para você ter noção da tempestade que estávamos vivendo, seguem aqui algumas características do contexto:

1. Clientes formadores de opinião (podem ser detratores ou promotores do nosso negócio).
2. Clientes em muitos casos eram colaboradores da organização (diretores, acionistas etc.).
3. Reclamações vinham direto do nosso diretor executivo para o nosso time, inclusive em caráter de *war room*[8].

Tínhamos *calls* quase que diários com as lideranças do segmento para avaliarmos a origem dos problemas de forma desestruturada (famoso "batidão de reclamações"), muito calor, pressão e pouco horizonte e *capacity* para eliminar os problemas no curto prazo – ou seja, não tínhamos nem de longe um bom *time-to-market*.

[8] Sala criada pela área de Gestão de Incidentes com o intuito de envolver todos os atores do fluxo para identificação da causa-raiz do problema e/ou solução de contorno para retornar ao cliente o quanto antes!

2.2. A busca pela métrica mais adequada ao nosso contexto

Ninguém toma um remédio sem antes o médico fazer um diagnóstico, certo? Então não caia na armadilha de ter respostas prontas ou querer tirar o famoso coelho da cartola sem minimamente possuir um bom "diagnóstico". Somente com ele em mãos será possível elaborar planos de ações mandatórios para mudar de patamar.

Então fica aqui uma dica... sem dados não há métricas. Busque sempre registrar os pedidos dos clientes, quanto tempo demora para respondê-los (seja no atendimento de uma reclamação ou melhoria de processo), categorizar demandas etc.

Apenas com essas informações em mãos a escolha da métrica mais adequada será possível (esteja 100% presente e não perca oportunidades).

Aí vêm as perguntas de milhões:

- E se o time/produto é novo e não temos histórico de problemas?
- E se meu time não possui *dashboards* nem sistemas robustos com indicadores *self-service* para você utilizar?
- O que eu faço? Qual meu primeiro passo?

Se seu time, empresa etc. não possui uma cultura *data driven*... calma, respire antes de pirar e transpirar e dê você o primeiro passo nessa jornada colaborativa de transformação... como?

Comece com *baby steps*... oriente e fomente dentro do seu time que o desenvolvimento do produto seja feito orientado a métricas (práticas SRE são uma grande referência nesse sentido para antecipar problemas e garantir disponibilidade). Cara, como assim? Simples: para identificar gargalos, tendências e erros, pense que é preciso ter *logs* em cada etapa do seu fluxo.

Exemplos:

a) Quantos clientes foram cadastrados no funil
b) Qual é o horário de pico de pedidos
c) Qual etapa leva mais tempo
d) Qual *feature* é mais utilizada (clicada)
e) Qual janela dá menos tráfego
f) Quais são os perfis dos clientes

Esses exemplos podem ajudá-lo a dar os primeiros passos na criação de um *dashboard* que auxiliará você e seu time a antecipar tendências e encantar clientes (centralidade no cliente sempre).

Métricas como MTTR[9], *lead time*[10], *throughput*[11] e técnicas de SRE[12] (ex.: *postmortem*, árvore de oportunidades e Ishikawa), somadas, nos pareceram as mais adequadas para encararmos de forma muito mais objetiva e estruturada o contexto desafiador pelo qual estávamos passando, bem como coibirmos o "*feedback* tardio" do resultado de entregas de hipóteses que nos faziam refletir que seriam as mais adequadas para sanar dores latentes, históricas e de muito valor aos clientes (orientação a dados).

2.3. Ajustando o avião com ele voando

Durante toda a nossa carreira (mais de 21 anos na área), já assistimos a situações semelhantes à ilustrada a seguir, onde o time está muito próximo da solução que de fato endereça o problema

[9] MTTR: Tempo Médio de Recuperação (fórmula: tempo total de reparações dividido pelo número de reparações).

[10] Tempo que um produto leva para chegar ao consumidor, desde o momento do pedido, passando por produção, despacho e entrega. Ou seja, é o tempo gasto pelo sistema de produção para que a matéria-prima se transforme em item finalizado, pronto para entrega.

[11] Taxa em que os dados são transmitidos. Ele também pode ser definido como a quantidade de dados movidos com êxito de um lugar para outro em um determinado período. A taxa de transferência é medida em *bits* por segundo (bps).

[12] *Site Reliability Engineering* (engenharia de confiabilidade do site) envolve a participação de engenheiros de confiabilidade do site em uma equipe de software. A equipe de SRE define as principais métricas para SRE e cria um orçamento de erro determinado pelo nível de tolerância ao risco do sistema.

identificado. Contudo, param a uma unha da solução – ou, como ouvimos dizer, não sobem no cavalo quando ele bate à nossa porta.

Olhos treinados conseguem identificar sem binóculos as excelentes oportunidades de longe. Treine os seus e *keep going*!

Como no livro do mestre Joel Jota (2019), sem plano no dia D e na hora H (ou seja, plano e planejamento são primordiais), você não está preparado para a tempestade.

Sair de um cenário de reclamações diárias e megaexposição negativa com clientes tão importantes foi desafiador (um dos momentos mais difíceis da carreira de um dos autores como líder).

Tivemos primeiro que mudar o *mindset* do nosso time de uma visão de "retiradores de pedidos" para entregar valor na ponta (*outcome*), com cocriação, crítica construtiva e muito questionamento sobre qual seria o nosso *true north*.

Investir primeiro em capacitação (OKR, *product sense* e práticas SRE) seriam premissas para de fato mudar de patamar – e assim fizemos.

Foi meio que um olho no padre e o outro na missa... afinal, não podíamos fechar a lojinha e ir estudar. Tínhamos que fazer uma boa gestão de tempo e colocar em prática cada *baby step* de mudança – e assim fomos mudando nossos resultados a cada *release*.

Mudanças pequenas que somadas fizeram a diferença:

- Estabelecemos um minicomitê de *postmortem* para olhar com lupa e bastante disciplina a real causa-raiz das coisas.
- A cada 15 dias fizemos *Retros* com um olhar de *Kaizen* de processos e fomos ajustando aquilo que não estava dando certo e mantendo o que estava.
- Os *war rooms* diários com a liderança passaram a ser quinzenais, dado que estávamos reduzindo a quantidade de reclamações e já colhendo *feedbacks* positivos dos nossos clientes internos e externos.

Nós nos preparamos muito para encarar de frente esse desafio não só com conhecimento empírico (nunca sabemos tudo, esteja aberto a aprender sempre com os acertos e erros dos outros, hein!), mas também com *podcasts*, como Lugar de Potência, Joel Jota, Caio Carneiro e Product Guru's, e livros como *A arte da facilitação* (RIKER; SILVA, 2019) e *Mostre seu Trabalho!* (KLEON, 2014).

Inspired (CAGAN, 2018), *The first 90 days* (WATKINS, 2013), *Start With Why* (SINEK, 2009) *The Five Dysfunctions of a Team* (LENCIONI, 2002) *Kanban* (ANDERSON, 2013) e o maravilhoso livro *Mindset*, da Carol S. Dweck (2017), nos forjaram em toda essa maravilhosa jornada de inspeção e adaptação.

2.4. Resultados alcançados

Depois de plantar, adubar, regar... vem a colheita de resultados (OBA!)

O *Job to be Done* só tem valor se você de fato tem reconhecimento interno (equipe, pares, lideranças e parceiros) e externo (cliente final – e anote aí: ele tem que ser o primeiro a ser ouvido, viu? *rs*). Nossa cultura em constante transformação começou a ter a cada três meses encontros de *demo* da *release* para juntos refletirmos sobre o que deu certo (e por favor celebre a jornada – a excelência é um alvo móvel, como já diria o Caio Carneiro, porém todo carro, por melhor que ele seja, precisa parar na revisão e ver se está tudo em ordem, trocar uma coisa ou outra se necessário e aí sim voltar para a estrada com tudo...). Isso são as celebrações consigo mesmo, com sua família, seus liderados e líderes e – por que não? – com seus clientes. Pense sobre isso e siga em frente.

A cada trimestre é engraçado perceber os olhares de respeito que conquistamos de pares e líderes... saímos de um time saco de pancada para exemplo a ser seguido. E assim, tri a tri, fomos mostrando em nossas apresentações[13] a evolução: tiramos certificações para

[13] E fica aqui outra dica: leia para ontem os livros *Super Apresentações*, do grande Joni Galvão (2014), e *Rebeldes têm asas*, do Rony Meisler (2019). Fontes incríveis de *insights* de como fazer um excelente *storytelling* e dar sua assinatura em momentos únicos pra mostrar o *DONE do seu time com D maiúsculo*

os *hard skills* que priorizamos como fundamentais para alavancar (exemplo: *AWS Practioner, SRE Fundation* etc.) e melhoramos nosso NPS, que saiu de 60 pontos para mais de 80 (o melhor da história do nosso segmento). Assim, fechamos 2023 com redução de 70% de reclamações, extinção do comitê de *war room*, índice recorde de NPS, time estável e boas histórias para contar da nossa jornada de aprendizado e mudança disruptiva.

Um dado engraçado foi a pergunta: nosso time vai acabar? Tem pessoas aqui que não estão comprometidas, e a caneta cai diariamente às 18h (sinônimo de ir embora, *rs*), mesmo com problemas na mesa... para zero *turnover*, pessoas trabalhando sempre que os problemas batiam na porta... ou seja, além de resultados claros e consistentes, mudamos uma cultura de galinha e criamos uma nova cultura de porco[14].

Que jornada incrível vivemos. Busque mudar a sua história (VOCÊ CONSEGUE!).

2.5. Aprendizados

2.5.1 Primeiro eles riem dos seus sonhos. Depois perguntam na *demo day*: como você fez tudo isso?

Ninguém consegue nada sozinho, ainda mais em um contexto tão complexo e desafiador como o mercado financeiro brasileiro.

Houve momentos em que pensamos em desistir e mudar de área. A síndrome do impostor bateu forte: a gente esquece de onde veio e qual era o propósito.

Nunca esqueça da sua motivação, do impacto positivo que quer gerar. Lembre-se de quem espera você em casa (ou, se está em *home*

[14] Expressão que os veteranos em gestão de projetos conhecem bem: a galinha entrega seus ovos e pouco se compromete; já o porco de fato se entrega de corpo inteiro pelo cliente, na busca incansável pelo *outcome*.

office, quem espera você fechar a tampa do *notebook* louco para você compartilhar seus resultados).

Agradecemos ao time e às lideranças por todo o suporte, por acreditarem e juntos terem provado que podíamos mudar de patamar.

Aos nossos familiares, por todo o apoio em tantas vezes que ficamos ausentes para estudarmos e nos dedicarmos aos tantos MVPs que viabilizaram um resultado incontestável e transformador para o nosso contexto e clientes.

E para você que está lendo este capítulo... não caia no discurso de que quem está com medo vai com medo mesmo. Prepare-se e mergulhe nas métricas para entender o contexto e avaliar qual é o melhor "remédio" para o desafio que estiverem enfrentando.

Os resultados só vêm com preparação, transpiração e muito suor! Aprecie essa jornada!

2.6. Sobre os autores

Sou Flavio Botrel Castro (Botrel), atuo como Especialista em Produtos e Negócios (SME – *Subject Matter Expert*) e sou fascinado por tecnologia, projetos e produtos. Sou formado em Ciência da Computação, com especialização em Gestão de Projetos e formação em Liderança em Produtos Digitais.

Há mais de 20 anos estou trabalhando com projetos, tecnologia, produtos e serviços financeiros com foco nos serviços de negócios alinhado ao resultado e à estratégia, agregando melhor experiência e satisfação para o cliente.

Atuo e aplico a metodologia de desenvolvimento de projetos (ágil e preditivo), ciclo de vida de produtos (desde a concepção *discovery*, *inception* até a implantação e pós-implantação). Sou apaixonado por esporte – em específico, futebol.

Sou o Luiz Fernando Bié, pai do Benjamin, de 3 anos, do Derick, de 8 anos, e do Alexandre, de 15 anos, e esposo da Alessandra Cristina. Sou formado em Gestão de Recursos Humanos pela Uninove, MBA em Gestão de Tecnologia pela FIAP, cursando MBA de Gestão de Pessoas e Liderança 4.0 pela PUC. Sou um entusiasta da Transformação Digital e estou no mercado financeiro há 21 anos atuando no segmento de alta de renda (*Private Bank*) como líder de transformação digital da esteira de investimentos.

2.7. Nossos papéis na aplicação do *case*

Flávio Botrel Castro: Analista de Sistemas/SME – *Subject Matter Expert*

Luiz Fernando Bié: *Agile Coach/Agile Master*

3. Uma jornada de comprometimento com a qualidade

Andreia Rodrigues Azevedo[15]

Período de acompanhamento:	08/2018 a 02/2024
Segmento da empresa:	Autarquia Federal
Quantidade de colaboradores:	558

3.1. Cenário inicial

Em agosto de 2018 assumi a implantação da Central de Serviços de TI na SUSEP (Superintendência de Seguros Privados), uma autarquia federal que, historicamente, desde 2015, apresentava um aumento anual de 15% na quantidade de acionamentos da equipe de TI, sendo esta composta por servidores públicos. Porém, em virtude da ausência de concursos para reposição de vagas desocupadas como consequência de movimentação para outros órgãos, aposentadorias

[15] <https://www.linkedin.com/in/deiah-rodrigues/>.

e outros tipos de afastamento, a central encontrava-se com recursos humanos insuficientes para atendimentos das demandas em tempo hábil, gerando uma percepção insatisfatória e negativa quanto à qualidade dos serviços prestados pela área de TI, bem como prejuízo à atividade fim da autarquia.

A insatisfação dos usuários e equipe de TI originava-se, principalmente, nos seguintes pontos:

- Soluções mais complexas somavam 20% dos chamados atendidos e violavam o tempo de solução pactuado
- Ausência de métricas de atendimento definidas
- Ausência de objetivos de desempenho e qualidade definidos
- Ausência de padronização do atendimento
- Especialistas da autarquia executando atividades de menor valor agregado
- Distribuição desigual dos chamados entre as coordenações da TI, que também atuavam em outras atividades, como desenvolvimento de sistemas, gerenciamento da infraestrutura de TI, de projetos, serviços e contratos
- As duas regionais presentes em outros estados recebiam um padrão de atendimento inferior ao oferecido na sede (RJ) em virtude das dificuldades de suporte por causa da distância, por não contarem com atendimento presencial

3.2. A busca pela métrica mais adequada ao nosso contexto

O gerenciamento de TI é composto por vários atores e ferramentas, tendo cada qual sua importância.

Os usuários são parte importante desse ecossistema, e servi-los bem é uma das missões da Central de Serviços de TI.

Esse servir precisa ser medido para que os caminhos possam ser mais bem planejados e alcançados, e para isso foram adotadas as seguintes diretrizes:

- Maximizar a quantidade de chamados de usuários com resposta à pesquisa de satisfação.
- Atingir os NMSE (Níveis Mínimos de Serviço) e critérios de qualidade acordados para as categorias dos serviços prestados.
- Maior confiabilidade e precisão das análises dos dados coletados.
- Maior alcance aos clientes insatisfeitos, abrindo oportunidades para tratativas e para reverter clientes detratores ou neutros em promotores.
- Concentração de uma diversidade maior de pontos de vista dos clientes, gerando *insights* inovadores.

Buscar o aumento da taxa de respostas garante uma amostragem com validade estatística para a pesquisa de satisfação.

3.3. Como se deu o processo de implantação e acompanhamento

De 2018 a 2022, não houve um acompanhamento regular da resposta à pesquisa de satisfação dos usuários de forma quantitativa, pois o foco era o mapeamento e a padronização dos processos, visando atingir maior maturidade dos níveis de serviço.

Mesmo sem um número fixado a ser perseguido, um ganho começou a ser observado em 2019, mas que sofreu considerável queda nos anos de 2020 e 2021, visto que o mundo esteve imerso na pandemia da COVID-19, momento em que as pessoas estavam mais focadas em se manterem seguras.

Em 22 de abril de 2022, foi declarado o fim da Emergência em Saúde Pública de Importância Nacional (ESPIN), e começamos a observar um tímido avanço nessa métrica.

Vale ressaltar que, até agosto de 2023, as atenções estavam voltadas para a melhoria da maturidade dos atendimentos híbridos, que foi o saldo deixado para o ambiente corporativo pós-pandemia, tendo as equipes se concentrado desde 2020 na absorção de novas tecnologias, novas formas de trabalhar e interagir, e no gerenciamento emocional, necessário em momento tão adverso da história.

Temos o histórico a seguir, que reflete os números que usaremos mais à frente:

Tabela 3.1. Resposta à pesquisa de satisfação (2018 a 2023). Fonte: dados extraídos do sistema de *helpdesk*.

Respostas à pesquisa de satisfação (2018 a 2023)			
Ano	**Chamados resolvidos**	**Pesquisas respondidas**	**% respostas**
2018	610	6	0,9%
2019	3.887	144	4,0%
2020	6.452	54	0,8%
2021	7.767	22	0,3%
2022	6.875	58	0,8%
2023	4.339	742	20,8%

Apesar de 2023 aparecer com 20,8% na tabela anterior, vale ressaltar que o último quadrimestre do ano foi marcado por um intenso estímulo às respostas à pesquisa de satisfação, pois a partir de agosto a métrica foi fixada para que 70% dos chamados encerrados fossem respondidos.

Tabela 3.2. Resposta à pesquisa de satisfação (2023 – detalhado).
Fonte: dados extraídos do sistema de *helpdesk*.

Respostas à pesquisa de satisfação (2023 – detalhado)			
Ano	**Chamados resolvidos**	**Pesquisas respondidas**	**% respostas**
Janeiro	687	12	1,8%
Fevereiro	495	5	1,0%
Março	393	11	2,8%
Abril	298	5	1,7%
Maio	406	3	0,7%
Junho	235	11	4,7%
Julho	307	20	6,5%
Agosto	410	3	0,7%
Setembro	341	244	71,6%
Outubro	265	205	77,4%
Novembro	228	181	79,4%
Dezembro	274	206	75,2%

Fixar essa métrica elevou a área da Central de Serviços a um novo patamar, pois foi necessário criar novos mecanismos de comunicação, relacionamento e criatividade!

Em agosto de 2023 a abordagem foi convencional: após o encerramento do chamado, era disparado um e-mail automático convidando o usuário a responder à pesquisa.

Essa ação "protocolar" trouxe três respostas para 410 chamados resolvidos. Ou seja, menos de 1%. Uma distância interestelar da métrica estabelecida.

Em setembro de 2023, observamos que o sistema de abertura de chamados não estava disparando o e-mail de pesquisa após o encerramento, impactando severamente o nosso propósito.

Então, além de solicitar a correção por parte da empresa responsável pelo sistema, foi necessário recorrer a outro artifício: criamos um formulário reproduzindo as mesmas perguntas da pesquisa e enviamos aos usuários pelo Microsoft Teams (ferramenta de troca de mensagens) após o encerramento do chamado.

Nesse momento, começamos a nos deparar com algo evidente, mas até então transparente para nós: as pessoas odeiam responder a pesquisas de satisfação, especialmente se elas estiverem satisfeitas.

É comum buscar meios de reclamação quando algo dá errado, mas o inverso não ocorre. Em geral, as pessoas não procuram meios de elogiar ou agradecer quando tudo deu certo.

Por esse motivo, simplesmente disparar o formulário por e-mail e Teams, inicialmente, não trouxe a adesão de que precisávamos, sendo necessária uma abordagem mais direta, pedindo individualmente que as pessoas respondessem à pesquisa.

Através do preenchimento da pesquisa pelo formulário elaborado, conseguimos 204 respostas dos 341 chamados resolvidos! Ao todo, 71,6% dos chamados tiveram a pesquisa respondida! Meta alcançada!

Em outubro de 2023, o disparo automático da pesquisa através do sistema foi corrigido, mas mantivemos o ritmo de contato direto com os usuários, porque identificamos que não é natural das pessoas preencher pesquisa para algo que não as impacte diretamente, mesmo que a médio ou longo prazo ela seja beneficiada, ou, no caso, que a instituição como um todo o seja.

Nesse momento foi necessário recorrer à gestão da Coordenação Geral e Diretoria de Tecnologia, a fim de iniciarmos uma campanha maciça, através de e-mail e Teams, sensibilizando os usuários para a necessidade e importância dessa parceria.

Em outubro, foram obtidas 210 respostas para 265 chamados resolvidos, alcançando 77,4% da métrica estabelecida.

Nos meses de novembro e dezembro, foi necessário manter o ritmo de contato próximo aos usuários e contar com o apoio da alta gestão em busca de continuar desenvolvendo a cultura da participação dos usuários na pesquisa de satisfação.

Em novembro atingimos 79,4% e em dezembro, 75,2%. Considerando que é um mês de férias e festas, apesar da leve queda em relação ao mês anterior, ficamos plenamente satisfeitos com o resultado.

Algumas estratégias foram sendo desenvolvidas ao longo desses meses com o intuito de não ser uma atividade desgastante, seja para os usuários, seja para a equipe que estava à frente desses contatos.

Posso listar as seguintes:

- Abordagem cordial, em forma de convite
- Comunicação simples e leve, de forma a despertar no usuário o senso de comunidade e de contribuição
- O envolvimento de vários membros da equipe, pois no início apenas uma pessoa estava responsável pelo contato direto e acabou sendo criado um clima de "lá vem o chato pedindo para responder pesquisa". Isso foi essencial para reforçar a coletividade requerida pela atividade.
- Intercalar o contato direto: um dia era no Teams, no outro era por e-mail.
- Antes de fazer o contato, nos certificávamos de que o usuário realmente não havia respondido, evitando o inconveniente de pedir algo que já havia sido feito.
- Sensibilização de toda a equipe da Central de Serviços quanto à importância de um atendimento de excelência, pois isso, além de ser o objetivo principal, ajudava a engajar os usuários.

Como dito anteriormente, as pessoas odeiam responder a pesquisas de satisfação, e isso ficou evidenciado com algumas posturas, conforme exemplos:

"Não sou obrigado a responder"

"Tenho tarefas mais importantes para fazer"

"Não tenho tempo"

Nós nos deparamos também com pessoas que davam nota baixa como uma espécie de "retaliação" por "ter que" responder. O curioso é que não era uma insatisfação com o serviço, mas por ser abordada e solicitada a responder.

Nesses episódios, começamos a desenvolver uma postura mais refinada para quebrar objeções, demonstrando empatia e reforçando a necessidade da participação, para que todos tenham a oportunidade de expressar sua opinião.

3.4. Resultados alcançados

3.4.1 Intangíveis

É bem verdade (e os números provam) que os reveses foram relativamente poucos e que, como equipe, fomos nos adaptando e construindo uma nova visão sobre o serviço como um todo, porque o acompanhamento das respostas foi diário, e não apenas a emissão de um relatório ao final do mês.

Dessa forma, algumas dimensões, antes nem imaginadas, surgiram durante o percurso:

- **Experimentamos a pulsação no contato com o usuário:** em especial através do Teams, foi possível "sentir a temperatura" e tivemos a oportunidade de interpretar os dados para além das "respostas dos *dropdowns*". Isso gerou aproximação e humanização, fortalecendo o relacionamento e a cultura.
- **Afinamos a comunicação:** por ser uma área técnica, a TI pode parecer muito "fria". Ter a oportunidade de, através das palavras, do contato, tornar essa interação mais efetiva foi um ganho não considerado anteriormente.
- **Demonstramos nosso empenho e compromisso junto à alta gestão:** ao solicitarmos a intervenção da alta gestão na disseminação da informação sobre a necessidade de resposta à pesquisa, tivemos a oportunidade de demonstrar que sim, estávamos dispostos a ser avaliados pelo maior número de usuários possível e que, se criticados, estávamos dispostos a melhorar com isso.

3.4.2 Tangíveis e metrificáveis

Peter Drucker, escritor e consultor considerado o pai da administração moderna, afirmava que "não se gerencia o que não se pode medir". De fato, as empresas precisam assumir determinadas posturas para alcançar resultados mensuráveis. Ao longo do período observado, ficou evidente o salto exponencial, que nos elevou de 1%, em agosto de 2023, para quase 80% em novembro de 2023, nas respostas à pesquisa de satisfação. Nesse intervalo de quatro meses, ficamos quase 10% acima da métrica definida, que era de 70%.

No levantamento do primeiro bimestre de 2024, analisando os dados a seguir, podemos observar que a cultura da resposta ganha cada vez mais consistência, tendo ultrapassado 86% em janeiro.

Tabela 3.3. Resposta à pesquisa de satisfação (2024).
Fonte: dados extraídos do sistema de *helpdesk*.

Respostas à pesquisa de satisfação (2024 – parcial)			
Ano	**Chamados resolvidos**	**Pesquisas respondidas**	**% respostas**
Janeiro	257	222	86,4%
Fevereiro	233	197	84,6%

Mesmo em fevereiro, mês de Carnaval e fim de férias, houve uma grande adesão.

3.5. Aprendizados

Foi importante manter o olhar atento e da escuta ativa, que é entendida como a capacidade de saber ouvir com alto grau de atenção e participação comunicativa, diferindo na prática da escuta compreendida, que comumente consiste em simplesmente receber informações (escuta passiva).

Foi possível listar os pontos a seguir como valiosos aprendizados:

- **Descobrimos falhas que poderiam ter passado despercebidas:** em dois momentos foi identificado que o sistema de *helpdesk* não estava funcionando corretamente após o acompanhamento regular da resposta à pesquisa de satisfação, e esses fatos possivelmente não teriam sido identificados se o acompanhamento dessa métrica não estivesse sendo realizado de forma tão efetiva.
- **Implementamos melhorias nos processos:** ajuste de SLAs, criação de novas categorias e melhor distribuição das atividades são exemplos de melhorias geradas com o acompanhamento dessa métrica.

Na minha experiência ao longo desses cinco anos, tendo números como referência, mas não como verdades absolutas, compreendi as várias nuances emocionais e subjetivas que eles refletem e o quão importante é buscar entendê-las.

Por trás da métrica há ação e emoção, que podem nos levar a tomar melhores decisões e traçar estratégias com criatividade e objetividade. Quando mergulhamos nesse universo, alcançamos uma dimensão bem mais divertida e o trabalho flui com prazer e propósito.

3.6. Efeitos colaterais/lições aprendidas

Algo que foi identificado e que fez toda diferença no aumento da resposta foi a temporalidade. Apesar da pesquisa ser enviada automaticamente por e-mail quando do encerramento do chamado, muitos usuários ignoravam a mensagem, pois o e-mail, apesar de sua importância, não é considerada uma mensagem urgente, e os e-mails automáticos são ainda "menos importantes" na escala de valor na mente do usuário. Então, usar de forma mais personalizada o Teams, que é a ferramenta oficial de mensagem instantânea da Central de Serviços de TI, evidenciou para o usuário a importância de sua resposta e de sua participação.

A automação é importante, pois atinge parte do público, mas a individualização é que fez aumentar o engajamento, tanto da equipe (em estar atenta a possíveis falhas e buscar a melhoria contínua) quanto do usuário (em saber que está sendo ouvido e querer fazer com que sua voz, através da pesquisa, seja considerada).

E para além da métrica resposta à pesquisa de satisfação, que tem um aspecto **quantitativo**, temos que, a nível **qualitativo**, ultrapassamos 90% do índice de satisfação previsto, tendo chegado em fevereiro de 2024 a 95%. Ou seja, mais de 95% dos usuários estão satisfeitos com o serviço prestado pela Central de Serviços de TI.

3.7. Sobre a autora

Meu nome é Andreia Rodrigues Azevedo, sou Especialista Internacional em Processo de Negócios e criadora do método Gestão Convergente de Negócios.

Com ampla experiência em grandes empresas nacionais, venho atuando ao longo dos últimos anos em posições estratégicas de liderança que visam à expansão dos negócios e à transformação digital dos setores governamental, educacional, mercantil e de TI.

Desenvolvi uma visão 360 graus do mercado e, ao longo da minha trajetória, elaborei estratégias de negócios com base em inovação e estive à frente da gestão de equipes multidisciplinares.

Atuo como *advisor* na Vulps.Tech e como Diretora de Operações na Optimize TI, com foco em assegurar o aumento da participação das empresas no mercado e na expansão de suas respectivas bases de clientes.

Amo correr na praia e amo estudar e aprender quase tudo.

3.7.1 Meu papel na aplicação do *case*

Gerente responsável pela implantação da Central de Serviços de TI, seleção e treinamento da equipe, acompanhamento e atingimento das métricas.

4. Como a reestruturação do programa de centralidade do cliente transformou dados em decisões estratégicas no varejo

Bruno Eduardo Rodrigues Hippler[16]

Período de acompanhamento:	03/2022 a 02/2024
Segmento da empresa:	Varejo
Quantidade de colaboradores:	5 mil

4.1. Cenário inicial

Em 2022, a Portobello Shop, referência na indústria de revestimentos, enfrentava um cenário complexo no universo da Experiência do Cliente (CX). A empresa, com seus mais de 25 anos de operação e atualmente

[16] <https://www.linkedin.com/in/brunohippler>.

168 lojas, percebeu a urgência de repensar sua abordagem diante das crescentes demandas e expectativas de um mercado cada vez mais dinâmico e competitivo.

O ambiente comercial estava impregnado de desafios, com a Portobello Shop almejando manter sua posição de destaque e estabelecer novos padrões de excelência na satisfação do cliente. Nesse contexto, a organização tomou a decisão estratégica de estruturar sua abordagem de CX, reconhecendo que as métricas por si só não seriam suficientes para conduzir a empresa em direção a uma experiência do cliente verdadeiramente diferenciada.

Foi em 2022 que a Portobello Shop iniciou a trajetória de reestruturação. A empresa percebeu a necessidade crítica de ir além das métricas superficiais e construir uma base sólida para a tomada de decisões baseada em dados. Assim, teve início a jornada que transformaria não apenas a maneira como a Portobello Shop percebe seus clientes, mas também como os clientes percebem a marca.

A implementação do *Net Promoter Score* (NPS) em 2020 foi o primeiro passo, indicando o desejo genuíno da empresa de ouvir a voz de seus clientes. Contudo, o verdadeiro impulso aconteceu em 2022, quando a Portobello Shop tomou a decisão ousada de criar um departamento de CX dedicado. Foi um movimento estratégico que lançou as bases para a redefinição do programa NPS, com a introdução de um novo modelo baseado nos pilares "ouvir > aprender > agir".

A empresa compreendeu que a mera coleta de dados não era suficiente; era necessário interpretar e transformar esses dados em ações tangíveis. A criação de um departamento exclusivo de Voz do Cliente evidenciou o compromisso da Portobello Shop de ir além do convencional, dando início a uma jornada de compreensão mais profunda e respostas mais rápidas para as necessidades dos clientes.

4.2. A busca pelas métricas mais adequadas ao contexto da Portobello Shop

No estágio inicial, foi imperativo mapear claramente nossos objetivos e identificar as questões cruciais que pretendíamos abordar. Esse exercício foi fundamental para direcionar de forma precisa nossa jornada transformadora. A seguir, apresentamos as dores primordiais que emergiram durante essa análise estratégica.

4.2.1 O peso do NPS

No processo de reestruturação da abordagem da Portobello Shop em direção a uma organização centrada no cliente, uma métrica se destacou como a principal bússola para orientar essa transformação: o *Net Promoter Score* (NPS).

A escolha do NPS foi respaldada pela compreensão de que a satisfação do cliente é uma peça-chave para o sucesso de qualquer organização. Sua implementação trouxe consigo não apenas uma métrica quantificável, mas uma mudança cultural.

A Portobello Shop pôde criar um ciclo fechado de *feedback*. Ouvir os clientes através do NPS foi o primeiro passo, seguido por aprender com essas respostas e, o mais crucial, agir de maneira proativa para endereçar as áreas de oportunidade identificadas.

4.2.1.1. Método de cálculo do NPS

O *Net Promoter Score* (NPS) mede a satisfação e a lealdade do cliente com uma empresa. Ele é obtido através de uma pergunta simples: "em uma escala de 0 a 10, o quanto você recomendaria nossa empresa/produto/serviço a um amigo ou colega?". Com base nas respostas, os clientes são classificados em três categorias:

- **Promotores (9-10):** são os clientes que estão muito satisfeitos e propensos a recomendar a empresa. Eles são considerados leais e contribuem positivamente para a reputação da marca.
- **Neutros (7-8):** representam clientes que estão satisfeitos, mas não são entusiastas. Eles são considerados neutros e podem não ter uma lealdade forte.
- **Detratores (0-6):** indicam clientes insatisfeitos e que podem prejudicar a reputação da empresa ao expressar *feedback* negativo. Detratores são menos propensos a recomendar a empresa.

O cálculo do NPS envolve subtrair a porcentagem de detratores da porcentagem de promotores. A fórmula é:

NPS = % Promotores – % Detratores

O resultado varia de -100 a +100. Um NPS positivo indica uma maioria de clientes promotores, enquanto um NPS negativo sugere uma predominância de detratores. O objetivo é ter um NPS alto, indicando uma base de clientes satisfeita e propensa a recomendar a empresa.

Exemplo prático:

Suponhamos que uma empresa tenha enviado a pergunta do NPS para 100 clientes. As respostas foram distribuídas da seguinte forma:

- Promotores (9-10): 60 clientes
- Neutros (7-8): 20 clientes
- Detratores (0-6): 20 clientes

A porcentagem de promotores seria 60%, neutros 20%, e detratores 20%. O cálculo do NPS seria:

NPS = 60% − 20% = 40

Portanto, o NPS dessa empresa seria +40, indicando uma forte presença de clientes promotores. Vale ressaltar que o NPS deve ser interpretado em conjunto com análises qualitativas e outras métricas para obter uma compreensão completa da experiência do cliente e áreas de melhoria.

4.2.2 Satisfação dos clientes através de CSAT

Além do *Net Promoter Score* (NPS), o *Customer Satisfaction Score* (CSAT) também desempenhou um papel crucial na jornada de transformação da Portobello. Enquanto o NPS oferece uma visão geral da satisfação e da lealdade do cliente, o CSAT avalia aspectos específicos e atributos cruciais ao longo da jornada do consumidor.

O CSAT é frequentemente utilizado para medir a satisfação do cliente em relação a transações ou interações específicas, fornecendo *insights* detalhados sobre pontos-chave da experiência do cliente. Em vez de uma pergunta única como o NPS, o CSAT geralmente solicita aos clientes que avaliem aspectos específicos em uma escala, comum em uma pergunta como: "quão satisfeito você está com [atributo específico] em uma escala de 1 a 5?".

Ao incorporar o CSAT, a Portobello Shop pôde avaliar áreas específicas da jornada do consumidor, identificar pontos de excelência e, ao mesmo tempo, reconhecer áreas que exigiam aprimoramento. Essa abordagem mais granular proporcionou à empresa uma compreensão mais detalhada e focada nas necessidades e expectativas dos clientes, possibilitando a implementação de melhorias específicas em resposta ao *feedback* recebido.

A combinação estratégica do NPS com o CSAT forneceu uma visão completa que orientou as decisões estratégicas, promovendo uma cultura de constante aprimoramento e refinamento na entrega de serviços e produtos aos clientes.

4.2.2.1. Método de cálculo do CSAT

O *Customer Satisfaction Score* (CSAT) é geralmente calculado com base em respostas a perguntas de avaliação, frequentemente utilizando uma escala numérica ou de classificação. Sua fórmula básica é:

$$CSAT = \left(\frac{Número\ de\ Respostas\ Positivas}{Número\ Total\ de\ Respostas}\right) \times 100$$

Aqui está um exemplo prático para ilustrar a fórmula. Suponha que você faça uma pesquisa de satisfação após uma transação com os clientes, e a pergunta seja: "em uma escala de 1 a 5, quão satisfeito você está com a sua experiência de compra?". As opções são:

- 1 – Muito insatisfeito
- 2 – Insatisfeito
- 3 – Neutro
- 4 – Satisfeito
- 5 – Muito satisfeito

Você recebe 50 respostas, e a distribuição é a seguinte:

Muito insatisfeito (1): 5 respostas

Insatisfeito (2): 7 respostas

Neutro (3): 8 respostas

Satisfeito (4): 20 respostas

Muito satisfeito (5): 10 respostas

Aplicando a fórmula do CSAT:

$$CSAT = \left(\frac{20 + 10}{50}\right) \times 100$$

$$CSAT = \left(\frac{30}{50}\right) \times 100$$

$$CSAT = 0{,}6 \times 100$$

$$CSAT = 60\%$$

Nesse exemplo, o CSAT da transação é de 60%, indicando um nível moderado de satisfação. Interpretar o CSAT envolve entender o contexto da escala utilizada e determinar quaisquer metas internas ou *benchmarks* estabelecidos pela empresa para avaliar a qualidade da experiência do cliente.

4.2.3 Como se deu o processo de implementação dessas métricas

A transformação da Portobello Shop em uma organização centrada no cliente não foi apenas uma visão estratégica, mas um compromisso tangível que se manifestou na implementação de métricas significativas e no desenvolvimento do Programa Cliente no Centro.

4.2.3.1. Definindo a rota estratégica

A jornada de transformação da Portobello Shop começou com uma imersão profunda na análise crítica das operações existentes. Identificaram-se lacunas decorrentes da ausência de métricas eficazes de eficiência e previsibilidade, assim como da falta de uma conexão direta com a visão de portfólio e os objetivos e resultados-chave (OKRs).

Nesse estágio, a equipe de liderança envolveu-se em sessões estratégicas para compreender não apenas o que era mensurável, mas o que era essencial. Essa fase de definição de rota serviu como alicerce para a posterior implementação, assegurando que cada métrica escolhida estivesse alinhada com os objetivos estratégicos da Portobello Shop.

4.2.3.2. Implementação do NPS

Com as métricas escolhidas, a implementação do NPS foi além de simplesmente enviar pesquisas; envolveu a conscientização e o treinamento de todas as equipes, desde a liderança até o *frontline*. Sessões educativas destacaram a importância do NPS e como as ações diárias de cada equipe impactavam diretamente a satisfação do cliente.

4.2.3.3. CSAT e a análise detalhada

A implementação do CSAT envolveu a incorporação de perguntas específicas em momentos-chave da jornada do cliente. Os resultados foram utilizados para desvendar áreas de oportunidade e excelência. Essa análise detalhada orientou iniciativas específicas de melhoria.

A implementação desses dois pilares, NPS e CSAT, representou a transformação de conceitos abstratos em práticas concretas, solidificando o compromisso da Portobello Shop em oferecer uma experiência excepcional ao cliente.

4.2.4 Programa Cliente no Centro ganha vida

A jornada começou com a conscientização. A liderança compartilhou a visão do Programa Cliente no Centro e destacou a importância de cada interação com o cliente. Essa visão foi transmitida em todos os níveis da organização, garantindo que cada indivíduo entendesse seu papel na entrega de uma experiência excepcional ao cliente.

A capacitação foi fundamental. As equipes foram treinadas para compreender o impacto de suas ações nos resultados. Cada funcionário foi capacitado a agir com base nas métricas, transformando dados em ações tangíveis que impulsionavam a melhoria contínua.

O Programa Cliente no Centro criou um ciclo fechado de *feedback*. As métricas alimentavam diretamente iniciativas de melhoria. Os líderes estavam atentos às métricas e rapidamente implementavam mudanças quando necessário. As equipes de *frontline* estavam engajadas e eram ágeis na implementação das melhorias sugeridas.

Os funcionários sentiram-se valorizados e capacitados para fazer a diferença. O Programa Cliente no Centro não era apenas sobre atender às necessidades dos clientes, mas também sobre criar uma cultura de excelência e responsabilidade.

Como resultado, a organização tornou-se mais adaptável às necessidades dos clientes. A satisfação e lealdade aumentaram, consolidando a posição da Portobello Shop como líder do setor.

O Programa Cliente no Centro não era apenas um projeto; era a essência da Portobello Shop. Uma filosofia que permeava cada aspecto da organização, garantindo que o cliente sempre estivesse no centro de tudo o que faziam.

4.2.5 Resultados concretos e o impacto medido

A implementação do Programa Cliente no Centro na Portobello Shop não foi apenas uma aspiração; foi uma jornada repleta de resultados tangíveis e um impacto mensurável na satisfação do cliente. Neste capítulo, exploraremos os resultados concretos que confirmaram a eficácia das métricas adotadas e a transformação proporcionada pela abordagem centrada no cliente.

4.2.5.1. Um indicador de experiência excepcional

Com o NPS como um farol, a Portobello Shop coletou mais de 20 mil respostas desde o lançamento do Programa Cliente no Centro. Essa quantidade substancial de *feedback* forneceu uma visão abrangente da percepção dos clientes sobre a marca. O NPS atingiu impressionantes 90,2% em transações de loja, refletindo uma aceitação significativa e uma experiência excepcional vivenciada pelos clientes.

A taxa de resposta de 16,5% demonstra não só a participação ativa dos clientes, como também a importância atribuída à oportunidade de compartilhar suas experiências.

4.2.5.2. CSAT: detalhes que fazem a diferença

O CSAT complementou a visão geral do NPS ao fornecer uma análise detalhada dos atributos específicos da jornada do consumidor. As respostas permitiram à Portobello Shop identificar com precisão quais aspectos mais impactavam a satisfação do cliente.

Cada ponto percentual no CSAT refletia uma melhoria tangível em aspectos específicos, desde o atendimento ao cliente até a eficiência operacional. Essa abordagem detalhada demonstrou o compromisso da Portobello Shop em superar as expectativas em cada etapa da jornada do cliente.

4.2.5.3. CSAT: transformando desafios em oportunidades

O Programa Cliente no Centro reduziu o tempo médio de resolução de 20 para 5 dias em menos de um ano.

Cada resposta, cada ponto de melhoria e cada problema resolvido contribuíram para a construção de uma organização verdadeiramente centrada no cliente, pronta para enfrentar os desafios do mercado com confiança e excelência.

4.3. Cultura de melhoria contínua

O Programa Cliente no Centro marcou o início de uma nova era na Portobello Shop.

4.3.1 Inovação permanente alinhada aos OKRs

O Programa Cliente no Centro, longe de ser uma iniciativa pontual, desencadeou um impulso constante em direção à inovação. Mais de 30 iniciativas foram lançadas, cada uma meticulosamente alinhada com os objetivos e resultados-chave (OKRs) da empresa.

As iniciativas eram guiadas por metas tangíveis e mensuráveis. A cada passo, a equipe podia traçar seu progresso em direção a esses objetivos, garantindo que cada esforço estivesse intrinsecamente ligado à visão estratégica da organização.

4.3.2 Antecipação das necessidades do cliente: uma mentalidade proativa

A equipe não se limitou a reagir ao *feedback*; ela antecipou as necessidades do cliente, transformando desejos e expectativas em realidade.

A antecipação das necessidades do cliente não era apenas uma resposta intuitiva; era um processo informado por dados e *insights* provenientes das métricas implementadas. A equipe estava atenta às tendências emergentes, às preferências do cliente e às mudanças no cenário do setor.

4.4. Resultados alcançados

A cultura de melhoria contínua, alimentada por mais de 30 iniciativas alinhadas aos OKRs, tornou-se uma força motriz na empresa. A antecipação proativa das necessidades do cliente não é facilmente quantificável, mas é um poderoso indicador da mentalidade da organização em sempre buscar exceder as expectativas.

A reputação da Portobello Shop foi fortalecida, atraindo não apenas clientes leais, mas também novas oportunidades de negócios.

A confiança do cliente, o orgulho dos colaboradores e a imagem positiva no mercado são todos frutos desses impactos intangíveis que transcendem a métrica fria e se entrelaçam com a essência da Portobello Shop.

4.5. Aprendizados

A introdução das métricas, notadamente o NPS e o CSAT, durante a implementação do Programa Cliente no Centro da Portobello Shop trouxe consigo um rico legado de aprendizados fundamentais. Esses *insights* foram essenciais para refinar a estratégia de experiência do cliente e esculpir a própria cultura da organização.

O Programa Cliente no Centro capacitou nossa equipe a lidar com desafios de maneira eficiente, garantindo que as preocupações dos clientes fossem abordadas prontamente. Essa agilidade também fortaleceu a confiança na marca.

As métricas incentivaram a inovação orientada pelos clientes. Nossas iniciativas de melhoria contínua eram impulsionadas por dados e *feedback* dos clientes. Essa abordagem guiada pelos clientes garantiu que as inovações estivessem direcionadas para áreas que realmente impactavam a experiência do cliente.

Além disso, a implementação das métricas não foi vista como um projeto isolado, mas como o início de uma mentalidade de melhoria contínua. Nossa equipe foi capacitada a ver desafios como oportunidades para aprimoramento, e essa mentalidade impulsionou constantemente a organização em direção à excelência.

4.6. Sobre o autor

Meu nome é Bruno Eduardo Rodrigues Hippler e atuo como analista de dados com foco em Voz do Cliente.

Tenho carreira desenvolvida em multinacionais, especialista em negócios com histórico de trabalho com executivos e especialistas para promover a visão estratégica de negócios e os resultados por meio da tecnologia, transformação digital e centralidade no cliente. Experiência na área de Transformação Digital, *Customer Experience*, CRM, Inovação, Marketing e processos de negócios aplicados a canais digitais, automação de processos e rotinas, melhoria de produtividade, redução de custo, agilidade, indicadores e gestão.

Sou *Black Belt* pela *Council for Six Sigma Certification* (CSSC) e certificado em Inovação pela California State University Northridge.

Espero ter contribuído de maneira significativa para a trajetória dos leitores neste projeto extraordinário. Vamos nos conectar?

4.6.1. Meu papel na aplicação do case

Analista de Dados e *Consumer Insights*

5. Da intuição à evidência: transição para uma abordagem *data driven* e seus impactos

Sara Monteiro[17]

Período de acompanhamento:	04/2023 a 12/2023
Segmento da empresa:	Saúde
Quantidade de colaboradores:	Na gerência de TI, pouco mais de 200 colaboradores

5.1. Quando tudo começou

Esta história começa em 2020, quando decidi fazer uma transição de carreira para a área de produto. Imagino que muitos profissionais almejem uma mudança assim, mas frequentemente não se sintam encorajados a dar esse passo, devido às várias consequências a

[17] <https://www.linkedin.com/in/sara-monteiro-1a0005164/>.

serem consideradas. Sendo assim, optei por começar este capítulo onde tudo de fato teve início, e se você é um profissional que busca essa transição para a carreira de produto, espero que meu relato encoraje você a dar o primeiro passo em direção à transformação da sua vida profissional!

Em 2019, eu trabalhava como Enfermeira de Urgência e Emergência, com duplo vínculo empregatício; atuava em um hospital público de São Paulo e em uma central de urgência e emergência da rede DASA, ambos em escala 12x36. Associada a uma grande motivação pessoal de reduzir minha jornada de trabalho, fomos todos surpreendidos pela pandemia causada pelo vírus SARS-CoV-2.

Nessa época, havia muitas incertezas clínicas que geravam uma pressão avassaladora na área em que eu trabalhava. Pouco antes do pico da pandemia, candidatei-me a uma vaga de Enfermeira de Telemedicina e, para minha enorme felicidade, fui aprovada no processo seletivo.

Comecei então a exercer algumas atividades relacionadas a produtos digitais desenvolvidos pela própria instituição, o que me permitiu ter uma maior interação com a área de TI e despertou meu interesse por temas relacionados à tecnologia em saúde. Mantive-me nessa função por 1 ano e 5 meses, até receber um convite para ser *Product Owner* do produto digital que eu utilizava como Enfermeira de Telemedicina.

Abrindo um parêntese: se você, caro leitor, ocupa um cargo de liderança na área de produto e está em busca de um novo membro para complementar sua equipe, é altamente recomendável que leve em consideração se é preferível que esse profissional tenha um conhecimento mais aprofundado do produto ou da área em si. Se a sua necessidade é por alguém com expertise no produto, é aconselhável buscar esse profissional internamente na instituição ou com experiência orientada ao cliente. É muito mais viável para um enfermeiro aprender sobre produto do que um desenvolvedor aprender sobre a área da saúde, e esse princípio é aplicável em diversos setores.

Como *Product Owner*, pude imergir na área de produto e aprimorar meu conhecimento acadêmico na área de tecnologia, realizando cursos como *Design Thinking*, certificação de *Scrum Product Owner* e iniciando um MBA em Arquitetura de Soluções.

Sem mais delongas, após 1 ano e 6 meses como *Product Owner* de um produto digital, tornei-me *Product Manager* do Portal Médico da instituição. Nesse período, consolidei grande parte do conhecimento adquirido ao longo da vida acadêmica e da prática diária, podendo aplicá-lo para aumentar os resultados do produto e da empresa em que estou inserida.

5.2. Introdução da análise métrica: acompanhamento, segmento e equipe

Como uma instituição de grande porte, nossas equipes de Produto estão focadas em impulsionar a melhoria contínua das soluções digitais, visando aprimorar a experiência do cliente e a eficiência operacional. Esse compromisso se reflete em nosso constante esforço para adaptar e construir nossos produtos com inovação, de acordo com as demandas do mercado e as necessidades dos clientes.

Estamos em um momento de transição da fase "consciente em dados", caracterizada pela curiosidade na extração de dados, para a fase "guiada por dados", na qual adotamos uma abordagem analítica, utilizando os dados na construção de nossos serviços e produtos digitais. Essa mudança de paradigma orienta nossa estratégia de análise métrica, capacitando-nos a tomar decisões informadas e direcionando nossos esforços de forma mais eficaz.

Durante um período de 10 meses, conduzimos uma análise meticulosa das métricas dos nossos produtos digitais, buscando avaliar o seu desempenho e produzindo insumos para as camadas mais estratégicas da instituição.

5.3. Uma breve introdução ao *data driven*

Imagine uma empresa que toma todas as suas decisões com base em palpites ou intuições. Embora essa abordagem possa ter funcionado no passado, o mundo dos negócios está evoluindo rapidamente. Hoje, mais do que nunca, as empresas precisam de dados sólidos para fundamentar suas decisões e direcionar suas estratégias. É aí que entra o conceito de ser *data driven* ou orientado por dados.

5.3.1 O que é ser *data driven*?

Ser *data driven* significa tomar decisões com base em dados concretos e análises objetivas, em vez de confiar apenas em suposições ou experiências passadas. Isso envolve a coleta, análise e interpretação de uma variedade de dados relevantes para orientar as ações da empresa, desde estratégias de marketing até operações de produção.

5.3.2 Etapas para se tornar *data driven*

- **Reconhecer a importância dos dados:** a jornada para se tornar *data driven* começa com o reconhecimento da importância dos dados nas operações e tomadas de decisão da empresa. Isso envolve educar líderes e colaboradores sobre o valor dos dados e como eles podem impulsionar o sucesso empresarial.
- **Criar uma cultura orientada por dados:** uma vez que a importância dos dados foi reconhecida, é crucial criar uma cultura organizacional que valorize a utilização de dados. Isso inclui incentivar a coleta e o compartilhamento de dados, bem como promover a análise e interpretação de dados em todos os níveis da empresa.

- **Investir em infraestrutura e tecnologia:** para aproveitar ao máximo os dados, as empresas precisam investir em infraestrutura e tecnologia adequadas. Isso pode incluir a implementação de sistemas de gerenciamento de dados, ferramentas de análise avançada e treinamento para os funcionários.
- **Desenvolver capacidades analíticas:** além de ter a tecnologia certa, as empresas também precisam desenvolver as habilidades analíticas de seus funcionários. Isso envolve fornecer treinamento em análise de dados, estatísticas e interpretação de resultados.
- **Tomar decisões com base em dados:** finalmente, o objetivo final é alcançar uma fase em que a tomada de decisão com base em dados seja a norma em toda a empresa. Isso significa que os dados são usados para orientar as operações diárias e as iniciativas de melhoria contínua.

Ao percorrer essas etapas, as empresas podem se tornar verdadeiramente *data driven*, capacitando-se para enfrentar os desafios do mercado atual e impulsionar o sucesso a longo prazo.

5.4. Cenário inicial

No cenário enfrentado destacavam-se problemas significativos, incluindo a impossibilidade de acesso remoto a informações institucionais, uma baixa usabilidade devido à descentralização da jornada do usuário e a necessidade de consulta a múltiplos sistemas para a execução das tarefas diárias. Tais desafios eram originados de medidas rígidas de segurança da informação que restringiam o acesso remoto a dados internos, resultando em uma experiência de usuário deficiente, além da falta de integração de dados. Além disso, a descentralização da jornada demandava treinamento em diversas ferramentas internas e resultava em demoras na tomada de decisões.

Essas questões impactavam diretamente a qualidade dos serviços prestados, a eficiência do time operacional e, consequentemente, resultavam em retornos financeiros abaixo do potencial esperado. Diante desse cenário desafiador, reconhecemos a necessidade premente de desenvolver um produto interno. A aplicação de métricas específicas evidenciou os resultados alcançados após a implementação desse novo sistema.

5.4.1 Metodologia adotada para a Análise de Causa Raiz (RCA)

Para identificar as causas-raízes dos problemas descritos nos parágrafos anteriores, foi adotada a metodologia do *Fishbone Diagram*, também conhecido como Diagrama de Ishikawa. Esta técnica de análise é amplamente reconhecida por sua eficácia em identificar e visualizar as diversas causas que contribuem para um problema específico.

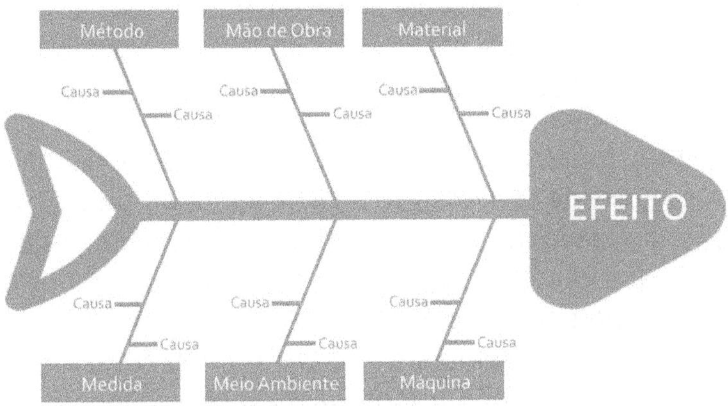

Figura 5.1. Diagrama de Ishikawa. Fonte: a autora.

Inicialmente, foram estabelecidas as principais categorias de causas que poderiam estar influenciando os desafios enfrentados pela instituição, tais como: políticas e procedimentos internos, tecnologia, processos operacionais e treinamento. Em seguida, por meio de sessões de *discovery*, *brainstorming* e colaboração entre membros das equipes operacionais, de produto e de gestão, foram identificados os fatores específicos dentro de cada categoria que poderiam estar contribuindo para os problemas em questão.

Existem várias metodologias para análise de causa-raiz, como o Diagrama de Pareto e os 5 Porquês. No entanto, optamos pelo Diagrama de Ishikawa devido à sua capacidade de proporcionar uma visão abrangente e estruturada das possíveis causas subjacentes aos problemas identificados, como o acesso remoto limitado, a baixa usabilidade e a descentralização da jornada do usuário.

5.5. Adaptando as melhores métricas ao nosso contexto

Considerando a implementação de um produto interno, a seleção das métricas foi cuidadosamente alinhada com os objetivos estratégicos da empresa, como *Objectives and Key Results* (OKR). Era essencial escolher métricas que refletissem os desafios iniciais de forma transparente, permitindo um planejamento estratégico claro para aprimorar a operação e elevar a qualidade dos serviços, visando potencializar o retorno financeiro. Isso não só facilitaria a defesa do orçamento para a evolução do Produto, como direcionaria as prioridades em discussões com a alta diretoria.

Inicialmente, focamos em métricas de adesão de usuários ao produto, como taxa de conversão e taxa de retenção, para compreender a aceitação e fidelidade dos usuários. Além disso, realizamos a clusterização dos usuários para identificar padrões comportamentais, permitindo uma personalização do produto e análises de desempenho mais aprofundadas. A análise do *churn rate* tornou-se crucial para entender se as atualizações acompanhavam as necessidades dos usuários.

Complementando essa abordagem, analisamos o tempo médio de interação dos usuários, os períodos de pico de acesso e as telas mais utilizadas.

Além da definição e aplicação das métricas, é essencial estabelecer períodos de avaliação e ajustar a relevância das métricas de acordo com a maturidade do produto. Isso agiliza a tomada de decisão, permite a adaptação rápida de estratégias e previne problemas potenciais. A associação e o cruzamento de dados são fundamentais para uma análise completa e embasada na tomada de decisões.

5.6. Adoção e implementação das métricas: processos e desafios

Durante a fase inicial de definição das métricas, nos deparamos com diversas dificuldades e barreiras. A resistência à mudança foi uma delas, especialmente entre os membros da equipe mais acostumados a processos tradicionais e analógicos. A transição para uma abordagem mais tecnológica gerou incerteza e desconforto. Além disso, a falta de conhecimento sobre como interpretar e aplicar as métricas também se mostrou um desafio significativo. Foi necessário realizar treinamentos para que tanto a equipe quanto os *stakeholders* compreendessem a relevância das métricas escolhidas e como utilizá-las de forma eficaz para melhorar o produto.

A depender do segmento e da cultura da empresa, essas dificuldades podem variar ou ser mais intensas. No entanto, à medida que as métricas foram implementadas e as primeiras análises foram realizadas, começamos a coletar *feedbacks* valiosos. A percepção inicial proporcionou *insights* profundos sobre o comportamento do usuário e o desempenho do produto. Observações sobre padrões de uso, áreas de atrito e pontos de destaque começaram a guiar as próximas iterações do produto.

A resistência inicial à mudança foi gradualmente superada por meio de comunicação transparente, treinamento intensivo e demonstrações práticas dos benefícios das métricas. A equipe aprendeu que a adoção de métricas não é apenas uma mudança de processo, mas uma transformação cultural que demanda paciência e apoio contínuo.

Uma lição valiosa aprendida foi a importância da flexibilidade nas métricas escolhidas. Conforme o produto evoluía, algumas métricas se tornavam mais relevantes do que outras. A capacidade de ajustar e adaptar as métricas ao longo do tempo mostrou-se essencial para manter a eficácia do processo.

5.7. Análise detalhada dos resultados das métricas adotadas

Após todo o árduo trabalho, horas de estudo dedicadas ao produto e empenho no treinamento da equipe, bem como na comunicação com todas as áreas envolvidas, os resultados foram notáveis. Nos primeiros 12 meses após o lançamento, observamos um aumento no número de acessos ao produto. Mais impressionante ainda foi o fato de que 52% dos seus usuários se tornaram promotores, atribuindo a nota máxima ao produto em suas avaliações.

Além disso, o impacto na operação diária dos usuários foi significativo. Eles agora acessam dados com uma velocidade sem precedentes por meio de seus *smartphones*, de qualquer lugar do mundo, algo que antes não era possível. Esse aumento na acessibilidade e na eficiência é uma comprovação do valor agregado pelas métricas implementadas e da sua contribuição para a otimização dos processos operacionais.

5.8. Sobre a autora

Sou a Sara Monteiro, noiva do Roberto Alves, cristã, missionária, toco piano e aprecio uma boa leitura!

Graduada em Enfermagem e pós-graduada em Urgência e Emergência. Ampla experiência em atendimento ambulatorial, pronto atendimento, UTI adulto e saúde digital.

Em 2020, realizei a transição de carreira para a área de gestão de produtos digitais. Atualmente ocupo a posição de *Product Manager* no Hospital Israelita Albert Einstein, sendo responsável pelo produto que realiza a gestão médica e assistencial de consultórios, clínicas e ambulatórios.

Possuo experiência em interoperabilidade de dados, gestão de produtos digitais, transformação digital e agilidade. Entusiasta de *product discovery* e *market-fit*. Certificada pela CSPO e biodesign. MBA em arquitetura de soluções.

Permaneço engajada e comprometida com a contínua evolução da área de saúde, com grande expectativa para desafios e oportunidades que permitam unir minha experiência clínica à inovação digital em benefício de um sistema de saúde mais eficaz, rentável, escalável e centrado no paciente.

6. Métricas do conhecimento aplicadas em *service desks*

Maria Fernanda Travassos de Novaes[18]

Período de acompanhamento:	06/2020 a 04/2021
Segmento da empresa:	Suporte TI (três empresas brasileiras)
Quantidade de colaboradores:	150 questionários respondidos

Nos últimos anos, o *outsourcing* de TI tem sido a solução adotada por empresas como uma estratégia para redução de custos operacionais, além da manutenção do seu parque tecnológico, melhoria dos processos, entre outros benefícios. O *service desk* é o primeiro e o mais comum, com equipes compostas, em sua maioria, por indivíduos *millennials* e *centennials*, de perfis flexíveis, versáteis e adaptáveis. Essas características, vinculadas à cultura organizacional e ao mercado brasileiro, contribuem para a alta rotatividade, baixa performance e consequente queda na prestação do serviço.

18 <https://www.linkedin.com/in/maria-fernanda-travassos-de-novaes-9a670120/>.

Um dos fatos que explica essa situação é a não efetiva gestão/ retenção e medição do capital intelectual, o que, em termos práticos, significa uma deficiente gestão do conhecimento ou uma parca geração de condições para a circulação, captação e medição do valor que gera. Este capítulo é o resumo de uma pesquisa feita em quatro empresas que prestam esse tipo de serviço no Brasil e com colaboradores de suas respectivas equipes, com a proposição de indicadores que, além dos atualmente praticados, sejam considerados como novas formas de medição pelas organizações e ratifiquem que a retenção do capital intelectual nas equipes de *service desk* contribui para a melhoria da qualidade da base de conhecimento e dos processos operacionais.

A partir dos resultados coletados verificou-se que a gestão do conhecimento nos centros de suporte tem trazido benefícios para todos os envolvidos, e a sua medição precisa ser considerada uma estratégia para retenção do capital intelectual das gerações Y e Z, diferenciais nas estruturas de negócio dos novos tempos.

6.1. Introdução

Durante muitos anos as empresas investiam dinheiro no tempo e na experiência de seus colaboradores em prol da produção de bens e serviços que, vendidos, lhes garantiam lucros. Revoluções aconteceram, o fluxo de trabalho mudou, assim como os acordos de mercado e as relações entre patrão e empregado. Concluiu-se que o conhecimento determina um valor intangível e balizador no estabelecimento dessas organizações ativas, competitivas e produtivas. A gestão do conhecimento é um processo – e, como todo processo, é importante e precisa ser medido. As organizações devem, assim, criar meios e ambiente para o compartilhamento e o registro desse bem intangível.

A gestão do conhecimento organizacional implica em sucesso quando, sistematicamente, se desenvolve uma cultura de aprendizagem contínua em um ambiente colaborativo onde o conhecimento e a aquisição de habilidades são responsabilidades essenciais do próprio funcionário, acrescido da interação social, das relações de trabalho e de um sistema formal desenvolvido que fortaleça a realização e o desenvolvimento pessoal.

As gerações Y e Z, proativas nesse novo mercado de trabalho, imprimem um ritmo e um ambiente diferenciado. Abrem-se questões sobre reconhecimento, flexibilidade, inovação e satisfação pessoal aliada à satisfação profissional. Ditam regras de relacionamento e propiciam grandes *turnovers* quando não se satisfazem em seu local de trabalho, levando consigo a inteligência organizacional e o conhecimento absorvido no tempo em que estiveram imersas na empresa. Capturam com facilidade as regras do negócio e promovem mudanças significativas nos fluxos de trabalho e nos processos dos grupos que compõem.

O grande desafio diante de um mercado volátil, instável e exigente é medir esses times com alta rotatividade, assim como responder à polêmica questão de quando a gestão do conhecimento é efetivamente incorporada e até que ponto ela traz valor.

Nos anos de 1980 ficou mais evidente a preocupação com a gestão do conhecimento. Na década de 90, os ambientes organizacionais mudaram de forma radical e exigiram mais velocidade no tratamento e processamento das informações, transitando a sociedade industrial para a sociedade da informação, que passa a agregar conceitos como inovação, aprendizagem, competência e sobretudo tecnologia. A gestão do conhecimento passa a ser uma variável competitiva responsável pela geração de valor, com relações de trabalho flexíveis e gerações de indivíduos com novos comportamentos e expectativas (BATISTA et al., 2017). Os trabalhadores do conhecimento se destacam como peças-chave na criação de valor para os negócios, estreitamente alinhados com as perspectivas de crescimento da organização.

A gestão do conhecimento precisa acontecer por meio de mudanças organizacionais. Esse ativo intangível é, agora, imperativo e estratégico para os negócios da empresa. Indicadores, métricas e ferramentas de gestão passam a ter um destaque nos novos modelos que analisam os cenários internos e externos para definir as suas diretrizes. Ele é, por fim, entendido como necessário para a criação de valor econômico a partir da transformação de novos conhecimentos em bens ou serviços diferenciados no mercado (LONGO et al., 2014).

6.2. Indicadores e métricas para o capital intelectual e a gestão do conhecimento

O motivo mais relatado para justificar a medição é melhorar o controle da gestão e por conseguinte o desempenho das equipes. Entretanto, o que menos se divulga é o motivo da aprendizagem, que explora custos e oportunidades para criação de valor, métricas e novos modelos de processos. Segundo Sveiby (2010), o slogan "você só pode gerenciar o que você mede" é totalmente errado, sugerindo então uma mudança de paradigma que propõe medir para aprender e não para controlar. Entretanto, as empresas ainda têm se direcionado a implantar sistemas de medição e indicadores como uma forma de cobrança e controle de desempenho das equipes. Não se observa, contudo, que esse modelo tende à alienação e à limitação da capacidade criativa dos funcionários e, por consequência, da sua produtividade, o que impacta futuramente na geração de valor e no lucro prospectado. Deixa-se de observar, assim, que o retorno obtido com a gestão do conhecimento é incorporado aos ativos intangíveis da organização e agrega socialização, comprometimento e maior efetividade na implantação de mudanças.

6.3. A pesquisa e os seus resultados

A população prevista pela pesquisa foi formada por indivíduos das gerações Y e Z em quatro empresas de *outsourcing* de TI que possuíam no seu portfólio o fornecimento de *service desk* no Brasil, bem como as suas respectivas equipes de colaboradores, componentes do quadro laboral dessas organizações, e que responderam ao questionário aplicado de forma voluntária e anônima, com a intenção de testar se:

a) a retenção do capital intelectual nas equipes de *service desk*, especificamente nas gerações Y e Z, contribuem para a melhoria da qualidade da base de conhecimento e dos processos operacionais, além de proporcionar um maior conhecimento do negócio e uma maior integração do time;
b) a melhoria da gestão do conhecimento aumenta a autonomia do negócio e garante a qualidade do atendimento e a fidelização do cliente;
c) há uma lacuna nos modelos atuais de medição de gestão do conhecimento que não compreendem métricas com foco no conhecimento para retenção do capital intelectual especificamente das equipes de *service desk*;
d) a otimização das ferramentas de tecnologia e gestão potencializa o uso eficiente desses recursos, garantindo menor tempo de resolução e autoatendimento dos clientes.

Em análise das amostras coletadas, observou-se a predominância das gerações Y e Z (83,6%), aparecendo, também nessa compilação, um percentual de indivíduos da geração X.

Outro indicador importante para avaliar o pilar do capital intelectual trata da avaliação de desempenho dos colaboradores. Funcionários satisfeitos são mais produtivos e possuem melhor relacionamento com clientes e pares.

Mediu-se também o grau de qualificação que influencia na performance da organização, bem como o grau de instrução, o tempo médio de experiência e de serviço em *service desk,* e a faixa etária desses funcionários. A pesquisa mensurou que o percentual de funcionários com terceiro grau completo atingia um valor de 49,2%, acrescidos de 18% com esse mesmo nível incompleto.

O indicador de *turnover* identifica que, em 75% da amostra, existe uma rotatividade que varia entre 5% e 10%, considerada aceitável por empresas desse segmento.

O investimento em capacitação como iniciativa pessoal é um requisito importante nos ambientes de colaboração. Foi possível confirmar que 54,1% de funcionários não investem em capacitação com recursos próprios – os que investiram, aplicaram menos de 100 horas por ano nessa atividade.

Agregaram-se ainda à pesquisa indicadores de avaliação de valores e atitudes ditos por Sveiby (1998), como o apoio aos colegas de equipe, o grau de satisfação na função atual e o que faz o funcionário continuar no *service desk* dessa empresa. Foram relatados percentuais significativos superiores a 95% para o primeiro e mais de 50% de funcionários satisfeitos.

Foram aplicados também indicadores de uso da base de conhecimento para o atendimento do *service desk*, e se os clientes participam da atualização da base de conhecimento com registro e prática de suas sugestões. Cem por cento das respostas afirmaram utilizar base de conhecimento, mas apenas 50% indicaram a participação do cliente na sua atualização. Cem por cento delas, sistemática ou esporadicamente, registravam as sugestões dos clientes, e esse mesmo percentual para a prática delas.

Observou-se que alguns indicadores importantes para medição do capital intelectual atualmente se faziam necessários, e, por isso, foram adicionados o porte e a natureza do cliente da empresa de *outsourcing*, já que esse dado impacta diretamente na composição e no dimensionamento dos times. Perguntas que tratavam da faixa salarial média dos funcionários corroboraram e complementaram as análises, haja vista o salário ser um fator motivacional mesmo que em um ambiente colaborativo, onde a remuneração ainda é preponderante nas escolhas.

Entretanto, ratificando o que se apontou sobre as gerações Y e Z quando se trata de estabilidade e lealdade ao local de trabalho, bem como a sua relação com pares e líderes em um ambiente saudável e interativo, observou-se que, apesar do valor mensal pago a esses profissionais ser quase o piso salarial do Brasil, o *turnover* era razoável e a satisfação superou os 50%.

Foi incluído o indicador de um segundo idioma, que começa a ser importante nas contratações e enriquece o indicador de habilidade e experiência dos profissionais, bem como os indicadores de avaliação de desempenho, recompensa e reconhecimento.

A capacitação do funcionário é importante e foi sugerida como uma métrica adicional às praticadas atualmente, haja vista o seu impacto substancial na evolução do serviço e na manutenção da base de conhecimento em níveis de qualidade. Para a amostra coletada, mais de 20% dos colaboradores foram treinados.

Complementar ao indicador de pesquisa de satisfação do funcionário, julgou-se necessário avaliar o registro e a prática das suas sugestões. Para 18% dos colaboradores respondentes, não havia incorporação de suas sugestões, contra 23% que indicavam haver incorporação total. É importante, entretanto, observar que ambientes colaborativos e que garantem autonomia dos colaboradores na base de conhecimento, além da segurança nas relações interpessoais, seja no registro e na aplicação das suas sugestões pela empresa ou no apoio dos colegas, podem ser fatores relevantes para a permanência e o equilíbrio do time.

Foram incorporados também os indicadores que mostram a prática da gestão do conhecimento no *service desk* e a participação do funcionário na implantação dela, além de bonificação e grau de autonomia dos profissionais. Incluir o funcionário na implantação e delegar a ele atividades que compreendem desde a captura do conhecimento quando do primeiro atendimento até a publicação de conteúdo para o autoatendimento do cliente favorece um estreitamento da sua relação com a empresa. Os resultados acabam sendo mais céleres, efetivos e confiáveis. Nos dados coletados, foi possível observar quão importante é essa participação – apesar de 66,7% não terem participado da implantação da gestão do conhecimento, eles usufruem dos benefícios providos por ela e, com isso, foi possível justificar a baixa taxa de *turnover* apresentada, o alto grau de satisfação dos funcionários do *service desk* e até a permanência de indivíduos da geração X na equipe, apesar do baixo investimento em capacitação e dos baixos salários.

No estudo proposto, a satisfação dos clientes indica maior nível de comprometimento no consumo do conteúdo para *self service*, além da sua corresponsabilidade na autoria do conhecimento registrado. Em um ambiente de colaboração, a parceria com o cliente faz a diferença na maturidade e qualidade da base de conhecimento e, por consequência, na melhor prestação do serviço.

Outras métricas foram apontadas quando foi possível comprovar o aumento no número de clientes, o nível de satisfação satisfatório e o *turnover* em uma taxa aceitável. Cabe salientar que o perfil dos *millennials* e *centennials* imprime um novo formato de trabalho, sobretudo quando se trata de um ambiente de colaboração com a prática da gestão do conhecimento. Apenas 3,3% dos colaboradores informaram não utilizar base de conhecimento nas suas atividades, contra os 96,7% que a utilizavam sistemática ou esporadicamente.

Com relação ao indicador de salário, Stewart (1998) afirma que as organizações pagam aos seus colaboradores menos do que efetivamente eles produzem, pois não são considerados os valores agregados conseguidos pela soma dos esforços da equipe além do empenho individual de cada funcionário. Para as organizações que não fazem gestão do conhecimento, o trabalho que se delega ao *service desk* é rotineiro e exige pouca habilidade, deixando à margem o valor do seu capital intelectual. Todavia, para as empresas dessa pesquisa, que praticam a gestão do conhecimento, a remuneração não reflete o valor que o grupo merece e garante a continuidade dos serviços com base no seu ambiente estável e colaborativo.

6.4. Conclusões

O conhecimento é o principal fator de produção na terceira onda. Ele é veloz e participa ativamente do novo contexto globalizado e hipercompetitivo das organizações, onde o foco estratégico precisa estar sustentado por uma gestão fundamentada no capital intelectual. Um ambiente colaborativo é a essência da nova cultura das empresas que compreendem ser essa a chave para a retenção do seu capital intelectual e, por conseguinte, do seu saber organizacional.

A pesquisa aqui resumida, acessível na sua íntegra diretamente no site da Faculdade de Engenharia da Universidade do Porto[19] (NOVAES, 2021), foi fundamentada em modelos teóricos aplicados nas organizações, a partir de uma amostra real de empresas brasileiras e seus grupos solucionadores, formadas principalmente pelas gerações Y e Z.

A proposta apresentada intencionou viabilizar a retenção do capital intelectual sob o aspecto da participação, da geração de valor, da autonomia e da motivação da equipe de trabalho para um serviço composto basicamente por *millennials* e *centennials* cujo perfil demonstra uma atuação diferenciada, questionadora, mas que não se fideliza às empresas quando não encontra um ambiente agregador, estável e aderente a sua proposta pessoal.

Segundo Mark L. Alch (2000, como citado por Coimbra e Schikmann, 2001), "aqueles que não entenderem o perfil da nova força de trabalho que está chegando terão problemas em manter seus empregados... Eles querem usar seu conhecimento e sua habilidade, participando na tomada de decisão, colaborando e se conectando com outras pessoas". A retenção do conhecimento, que exige o registro do tácito, da experiência individual e que é necessária nos ambientes de trabalho, culmina com a motivação de um grupo com características peculiares e que não tem qualquer óbice em socializá-lo, mas que não se interessa por trabalhar em estruturas inflexíveis e tradicionais de empresas que não promovem um ambiente de colaboração, desafiador e saudável.

É preciso pensar em modelos de métricas e indicadores que vão além de atividades com finalidades de lucros e resultados. Os valores gerados pelo indivíduo, e sobretudo pelo grupo, podem romper a continuidade do compartilhamento desse intangível poderoso que é o conhecimento.

[19] <https://sigarra.up.pt/feup/pt/pub_geral.pub_view?pi_pub_base_id=488243>.

6.5. Sobre a autora

Implanto projetos de Gestão do Conhecimento em órgãos públicos federais e estaduais, além de empresas privadas, incluindo *fintechs*, varejistas e organizações prestadoras de serviços de *outsourcing* de TIC em todo o Brasil.

Sou graduada em Informática, tenho um MBA em Qualidade e Governança de Tecnologia da Informação, pós-graduação em Sistemas Distribuídos e mestrado em Ciência da Informação pela Faculdade de Engenharia da Universidade do Porto, onde desenvolvi um projeto focado em Gestão do Conhecimento e Capital Intelectual.

Como membro do Knowledge Associates Brasil, atuo na gestão de serviços há mais de 25 anos, gerenciando e monitorando projetos de implantação de novas tecnologias e serviços em empresas privadas e órgãos públicos municipais, estaduais e federais.

Atuo como Consultora e Auditora do HDI nos padrões SCC (*Support Center Certification*) e KCS (*Knowledge Centered Service*), e também ministro treinamentos preparatórios para certificação individual e organizacional.

6.5.1 Meu papel na aplicação do *case*

Pesquisadora.

7. Indicadores de agilidade como ferramenta de eficiência na gestão de produtos digitais

***Jean Marcel Egles*[20]**

Período de acompanhamento:	03/2023 a 10/2023
Segmento da empresa:	Cosméticos
Quantidade de colaboradores:	20 mil

7.1. Cenário e contexto inicial

A *startup* onde trabalho como especialista de agilidade acaba de ser adquirida e encontra-se em período de fusão. A área em que eu atuava possuía uma plataforma logística que, naquele momento, em linhas bem gerais, era responsável por um *marketplace*.

[20] <https://www.linkedin.com/in/jean-marcel-egles-30485033/>.

A complexidade era: uma área com DNA e cultura de *startup* passou a ter que conviver em um ecossistema e uma cultura de uma empresa sólida, com mais de 40 anos de mercado.

Aqui chamaremos nosso produto digital de "plataforma logística", que, de fato, é uma plataforma e é responsável por vários serviços, em sua maioria de domínios logísticos. Como exemplo, temos o serviço de conectar empresas terceiras que realizam serviços de fretes com os vendedores que se utilizam do *marketplace* da empresa, otimizando a velocidade de entrega e fornecendo preço diferenciado ao cliente final, com uma inteligência ímpar por trás, garantindo aos clientes um melhor custo-benefício em suas entregas.

Essa área, formada originalmente por quatro *squads* de desenvolvimento, um de operações e um de suporte, traz uma plataforma inovadora e que agora precisa expandir para todos os canais da empresa, indo além do *marketplace*. Isso trouxe complexidades ímpares.

Com a escalada da plataforma, surgiram os primeiros sintomas de falta de uma priorização, afinal, pós-provado seu valor de negócio, durante o M&A, a nova área precisava expandir e atender a diferentes canais, de B2B a B2C. O time de produto, compreendendo as necessidades dos novos canais, ao mesmo tempo em que precisava atender a implementações já feitas, tinha que trabalhar em melhorias, sustentação e dívidas técnicas. E assim, mais uma dor, que é a falta de clareza de quais são as iniciativas em andamento e quais os usuários impactados em cada uma delas – afinal, tudo virou prioridade! Previsibilidade não existe perante esse caos, e mesmo com datas fixas pairam dúvidas e incertezas. Conseguiremos entregar? Iremos garantir uma implementação segura? Quem nunca se encontrou nesse dilema, certo?

Nesse momento, estamos "discutindo" priorização de forma aleatória, no *voice over*, com muitas iniciativas nascendo no meio do caminho e muitas vezes não conseguindo vincular estratégico e tático ao dia a dia dos times. Dívidas técnicas e melhorias para garantir a escala são acumuladas em um *backlog* invisível e infinito.

E você deve se perguntar: temos indicadores e KPIs para nos ajudar? Sim, eles existem! Medimos vazão, possuímos indicadores de eficiência de times *Scrum* (velocidade e capacidade) e, claro, indicadores de negócio. Falando em indicadores de negócio, como já comentado, eles estavam bem, garantindo um bom OTD (pedidos no prazo), OTIF (perfeitas condições), entre outros, os quais não serão o foco deste nosso capítulo. Porém, nossos indicadores de velocidade e eficiência, os que nos ajudam a entender o processo (do pedido de implementação ao desenvolvimento de código), apesar de existirem, não são confiáveis, pois cada *squad* possui um entendimento e memória de cálculo diferentes. E por falar em indicadores de produto, existem poucos, muitas vezes de vaidade.

E aqui começa nossa jornada: vamos entender como indicadores de velocidade e de eficiência podem nos ajudar a alavancar o negócio e fomentar uma visão sistêmica.

7.2. Foco no foco!

Dado o contexto de tantas dores e processos de desenvolvimento, optamos por criar pilares de indicadores focando no que precisamos analisar, não com o foco de já termos os indicadores, e sim por quais prismas queremos olhar nossa saúde de negócio, pessoas, eficiência e qualidade.

Fomos inspirados por vários conceitos de mercado, de práticas *Lean* a *DevOps*. E chegamos à nossa abordagem sistêmica a seguir.

Nossos pilares:

- **Pessoas:** indicadores que tragam como nossos colaboradores estão se sentindo, do engajamento ao vestir a camisa, com LNP-S[21], entre outros. Muitos já existiam e não serão o foco deste capítulo.
- **Negócio:** indicadores de negócio impactados pela plataforma,

[21] *Leadership Net Promoter Score.*

como GMV[22], *Contact Rate* logístico, OTIF[23], OTD[24], entre outros. Muitos já existiam e não serão o foco deste capítulo.

- **Qualidade:** frequência de *deploy*, *code coverage*, MTTR[25], MTBF[26], alguns com olhar de performance, usabilidade, entre outros. Muitos foram discutidos e implementados, mas não serão o foco deste capítulo.
- **Indicadores de velocidade e eficiência:** AF (aderência ao fluxo), EF (eficiência do fluxo), *lead time*, *cycle time*, discrepância de LT, indicadores *Scrum*, vazão e taxa de *backlog* saudável, tanto no nível operacional quanto ao nível tático.
- **Indicadores de produto:** com base na árvore de oportunidades, indicadores nos pilares de alcance, ativação, engajamento e retenção. Não iremos aprofundar neste capítulo.

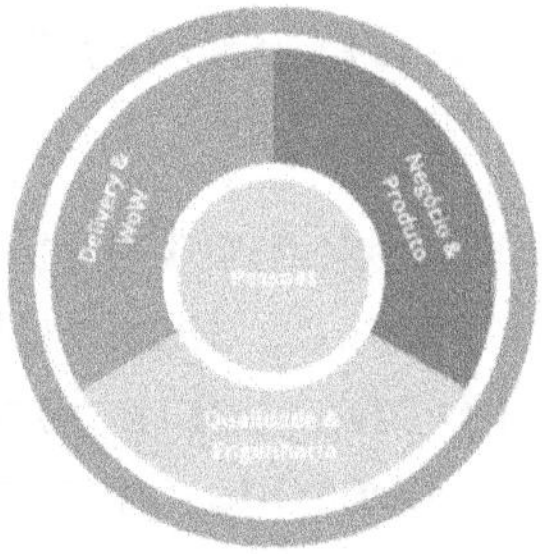

Figura 7.1. *Flywheel*. Fonte: o autor.

E assim, juntando os pilares de negócio e produto, chegamos a essa imagem, nossa *Flywheel*! Ao centro, como a cultura da empresa, as pessoas, tanto as que trabalham nas entregas como os nossos clientes. A divisão do nosso foco e dos KPIs/indicadores em pilares nos trouxe clareza sobre como estamos e nos ajudou na priorização – afinal, começamos a entender como os indicadores impactam e afetam uns aos outros!

Um foco inicial em velocidade e eficiência, para destravar nosso time de desenvolvimento, permite desafogar nosso time de produto,

---

[22] *Gross Merchandise Volume.*
[23] *One-Time In-Full.*
[24] *On-Time Delivery.*
[25] *Mean Time to Recover.*
[26] *Mean Time Between Failures.*

que pôde avançar em questões tão importantes para a escalada da plataforma naquele momento.

Repare que, antes mesmo de falarmos de indicadores, trouxemos a clareza do que precisamos atacar. Os indicadores e KPIs nos ajudariam a alavancar essa estratégia. Posso afirmar que os indicadores de foco mudam com o tempo, mas o olhar no pilar não!

Nosso pilar escolhido vem com o intuito de garantirmos um **fluxo de entregas estável, confiável e eficiente**, para que possamos para priorizar nossas entregas com previsibilidade!

Esse será nosso foco neste capítulo: indicadores básicos de agilidade podem, sim, alavancar o negócio!

7.3. Diferença entre teoria e prática

Vamos partir para os indicadores! Certo? Não! Primeiramente, foi necessário entender o processo de desenvolvimento, do *usptream* ao *downstream*, em especial no nível operacional dos *squads*, passando pelas ferramentas e pelas pessoas. Assim, descobriu-se que não existia um padrão: cada *squad* rodava suas metodologias adaptadas, e, apesar de um fluxo visível, que nem sempre refletia a realidade, era muito engessado, fazendo com que os times só atualizassem a ferramenta de gestão quando eram cobrados. Algumas boas práticas de mercado eram implementadas, mas em sua grande maioria eram ignoradas ou negligenciadas.

7.3.1 Acordos e *guardrails* claros

Primeira etapa: antes mesmo de falarmos de indicadores, percebemos a necessidade de termos acordos e *guardrails* claros. *Guardrails* seriam aquelas guias de proteção que encontramos na estrada, que protegem os motoristas de perderem o rumo e se acidentarem. É um conjunto de princípios e acordos, fundamentados nas metodologias e práticas ágeis, para orientar as equipes sobre como permanecer no caminho certo para o sucesso. Como um limite fixo, um *guardrail* protege intencionalmente e permite que as equipes tomem decisões localmente com segurança.

Começamos a criar um fluxo unificado, do estratégico ao operacional, garantindo que o trabalho entrasse por um único caminho, independentemente de onde fosse gerado. Em seguida, foi criado um fluxo padrão operacional, ao nível de *squad*, que contemplava as etapas de refinamento e desenvolvimento de código, com verificação de qualidade e homologação, além de um fluxo apartado para o time de sustentação, que injetava itens quando necessário. Fluxo criado, foram feitos vários acordos de como o escopo reflete os tipos de itens cadastrados na ferramenta, as cadências, os papéis e responsabilidades, entre outros. Tudo acordado entre todos os *squads* e, claro, documentado, para garantirmos uma política explícita!

Primeiros *guardrails* criados, operacionalizados e implementados na ferramenta de gestão de trabalho, agora sim começa o trabalho de coleta de métricas – afinal, temos um acordo claro e todos treinados no processo!

Assim, ansiosos e ávidos por evolução, criamos um painel de métricas o mais automatizado possível, com nossos indicadores de velocidade, vazão e eficiência! E quão importante foi isso... toda a liderança empolgada e comemorando, uma daquelas reuniões a serem lembradas!

Então nos deparamos com um *dashboard* com muitos indicadores (mais de 10), todos com muita informação, podendo ser destrinchados a vários níveis e detalhes!

Caro leitor, aqui está nosso primeiro erro: cuidado com os indicadores! Eles podem moldar comportamentos (por sinal, estamos cansados de escutar isso, mas os olhos sempre vibram com a possibilidades de números, de preferência positivos!). Nosso quadro trouxe muita informação útil, além de indicadores de velocidade de nossas entregas (*lead time* e seus tempos de ciclo), vazão dos times em diversos formatos, nossas discrepâncias, nossas previsibilidades (assertividade do planejamento e interferência de escopo), entre outros. E isso, por erro nosso, criou uma corrida ao ouro, por números positivos.

Mas qual o problema? O que acontece é a falsa sensação de melhoria: olhamos indicadores, mas não trazemos um olhar sistêmico, atacando aquele indicador mais próximo do dia a dia ou aquele sobre o qual temos um maior contexto (ou entendimento). Com isso, moldamos um comportamento de falsa evolução e falsa melhoria.

Um exemplo rápido que aconteceu aqui? Foco em diminuir o *lead time* e aumentar a velocidade dos itens, gerando retrabalhos com *bugs* e problemas de performance sendo negligenciados e impactando novas implementações. Olhar sistêmico! Aqui percebemos e reforçamos o trabalho dos pilares – um foco isolado em um pode, e vai, influenciar os outros, tanto positivamente quanto negativamente!

7.3.2 Ajustes de rota: aderência ao fluxo

Sendo assim, demos um passo atrás e desativamos vários dos indicadores do nosso painel. Voltamos aos pilares e começamos a entender qual deveria ser o foco nesse primeiro momento.

Nessas análises, lembramos e percebemos que nossos indicadores se baseavam na nossa ferramenta de gestão de trabalho, e com isso um grave problema que havíamos negligenciado nos fez revisitar nosso painel de indicadores.

O processo de pesquisa, de atividades de campo, de desenvolvimento, de teste, corre fora da ferramenta de gestão (seja Jira, Kanbanize, Azure ou qualquer outro). O trabalho acontece no campo, nos Miros, nas *gits*, nas *branches*... e, de vez em quando, lembramos de atualizar a ferramenta de gestão. E essa atualização seletiva, apenas em cadências ou quando cobrado, faz com que todos os nossos indicadores não sejam confiáveis. Lembre-se bem disso: indicadores confiáveis. Nossos indicadores de velocidade e eficiência são confiáveis? Refletem a velocidade real do processo e do trabalho feito?

Assim criamos, focamos e usamos nosso primeiro indicador: a aderência ao fluxo (abreviado para AF aqui).

A aderência ao fluxo nada mais é do que um percentual do fluxo utilizado – quantas etapas um determinado item (cartão) trafegou na ferramenta.

Vamos usar o fluxo a seguir, do nível operacional, para os itens de desenvolvimento de código:

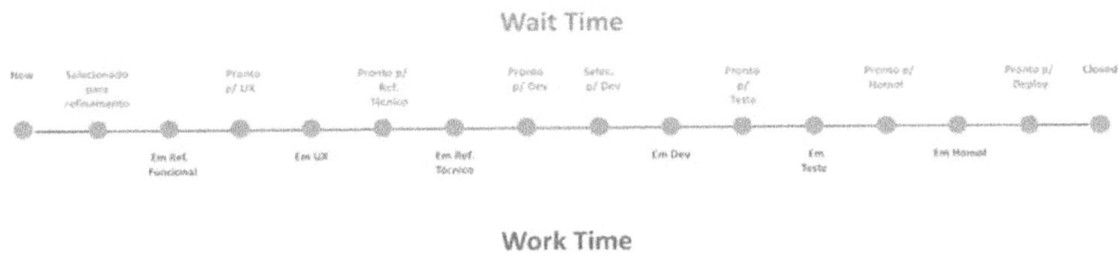

Figura 7.2. Aderência ao fluxo. Fonte: o autor.

Considerando a proposta de fluxo da imagem, a aderência ao fluxo é o % da quantidade de status que nossas demandas passaram sobre o total.

AF = [Qtd de status que o item passou]/[Qtd total status existentes (fluxo padrão)]

Quanto maior meu AF melhor, certo, Jean? NÃO – isso mesmo, um não em maiúsculo! Esse indicador apenas nos trouxe a certeza de que todos os outros seriam confiáveis, que nosso combinado fora da ferramenta de gestão reflita a realidade. Se determinado escopo (item) deve passar por metade das colunas previstas na ferramenta, queremos que seu AF seja 50%, nem mais, nem menos.

Por mais que um padrão de fluxo seja criado, queremos autonomia e respeitar as diferenças entre nossos *squads*. Então esse indicador nos ajuda a entender se cada *squad* está seguindo o seu combinado. Por exemplo, se naquele nosso fluxo padrão, de 16 etapas (status), um *squad* específico tem acordado que o processo para a realidade dele é 11 etapas (status), sabemos que o AF esperado é 68,75%. Ou seja, na ferramenta, que possui os status implementados (e naquele momento não poderiam ser modificados *squad* a *squad*), a média dos itens deveria ser de 68,75% de uso dos status. Um número maior significa que alguém está utilizando algum processo a mais; um número menor significa que o time não está atualizando a ferramenta ou está pulando processos. Em ambos os casos, se o time não utiliza a ferramenta, mas executa as etapas, teremos indicadores de velocidade e eficiência irreais (lembra, confiáveis?). E se o time pula etapas, talvez esteja impactando indicadores de produto ou qualidade (note que começamos a falar de como sistematicamente tudo está conectado).

Dica: em seu cálculo, pense se deve existir um tempo mínimo por coluna, ou, pelo menos, que sinalize que um processo de dias foi feito em minutos!

Nosso primeiro AF, após todas as mudanças implementadas, era de 27,3%, e nosso mínimo esperado e combinado era de 62,5%! E esse foi nosso foco de semanas, meses: não olhar a velocidade, que já era medida, mas garantirmos que cada *squad* atingisse seu FA mínimo, tornando-se apto para evolução pelos outros indicadores. Após longas semanas, com foco em conscientização, ajustes na ferramenta e muita mão na massa, tivemos nossos primeiros *squads* atingindo o mínimo, e assim estando aptos para os próximos passos. Repare na palavra "apto": nenhum *squad* deveria olhar para outros focos ou indicadores desse pilar antes de passar por esse primeiro *gateway*: aderência ao fluxo!

7.3.3 *Backlog* saudável

Temos um fluxo sendo utilizado! Corrijo-me: sendo atualizado na nossa ferramenta! Agora sim, começamos a olhar o tempo de desenvolvimento em *downstream* (tempo que o time demora a fazer o código), certo? Certo! Afinal, é a ordem natural que todos focam e começam, e assim o fizemos também!

Começamos a medir tempo de ciclo (CT) de cada uma daquelas colunas apresentadas do nosso fluxo.

E percebemos a primeira coisa "estranha": um time *Scrum*, com *Sprints* de duas semanas, que demora no tempo de *downstream* mais de 45 dias (45.2 dias na média, para ser mais exato)!

E assim começamos a olhar as etapas de código, QA, homologação, uma a uma, e percebemos altos tempos investidos em todas as etapas!

Entendendo esses tempos de ciclos, rapidamente percebemos que eram grandes atrasos devido a retrabalhos, falta de informação e ao não mapeamento de dependências. Ou seja, o problema não era em "codar", mas em estar apto a "codar" (certeza que você já se viu nesse cenário).

Aqui percebemos que, devido a vários outros fatores, nosso time de produto não estava apto a preparar um *backlog* pronto e saudável para o time, e isso foi facilmente provado com *gembas*, em especial nos momentos e cadências de planejamento e priorização, nos quais o time focava muito nos itens em desenvolvimento e raramente dedicava tempo ao preparo de itens futuros. Em inúmeras vezes os *squads* não tinham um *backlog* pronto no dia zero das *Sprints*, precisando então, na famigerada *planning*, criar itens para ter algo a ser feito – afinal, um time não pode parar por falta de *backlog*!

E assim começamos um foco muito grande em ações que desafogassem a capacidade dos nossos PMs, para que eles pudessem dedicar tempo à preparação do escopo, garantindo que atrasos não aconteçam devido à falta de informações ou itens não prontos! Essas ações não serão compartilhadas aqui, por não ser o foco, mas um grande trabalho em conjunto foi feito para, inclusive, mover a capacidade de desenvolvedores para atividades que pudessem ajudar os PMs.

E para que tivéssemos algum sinalizador sobre se nosso *backlog* era saudável ou não, criamos um indicador (e nem sei se podemos chamar de indicador): o de *backlog* saudável!

Esse indicador era na verdade uma taxa da vazão do time sobre as demandas prontas para serem desenvolvidas (em nosso ponto de compromisso, esperando capacidade do time para ser iniciado).

Backlog saudável = [Vazão de um período]/[Qtd de itens que se encontram prontos para desenvolvimento]

O que isso significa? Que estamos verificando uma taxa que considera se temos um *backlog* refinado, considerado pronto e apto ao desenvolvimento, comparado a quanto aquele *squad* entrega. Vamos supor que um *squad* entregue 20 itens por mês e possua apenas dois itens prontos a serem puxados. Sabemos que precisamos ter pelo menos 18 itens em refinamento; caso contrário, iremos em algum momento ter problemas de falta de itens (*starving*).

Essa taxa nos traz o primeiro senso de que nossas duas esteiras, de *upstream* e *downstream*, apesar de muitas vezes apartadas, se retroalimentam! Se temos poucos itens sendo refinados, precisamos rapidamente ajustar a capacidade do time de desenvolvimento, reduzindo a capacidade de codar para ajudar ao *upstream*, em entrevistas, criação de itens ou mesmo trabalho em campo. Caso tenhamos muitos itens prontos, muito mais do que nossa vazão, trazemos um foco para a repriorização, verificando como lidamos com nossa capacidade perante tantas coisas a serem feitas, e assim evitamos gerar desperdícios em itens prontos e que nunca serão feitos.

Com essas ações, tivemos um aumento considerável de itens nas fases de *upstream*, como pode ser observado no recorte a seguir, mostrando a quantidade de itens em cada coluna/status. Antes desse foco, raramente tínhamos itens em transição no fluxo de *upstream*.

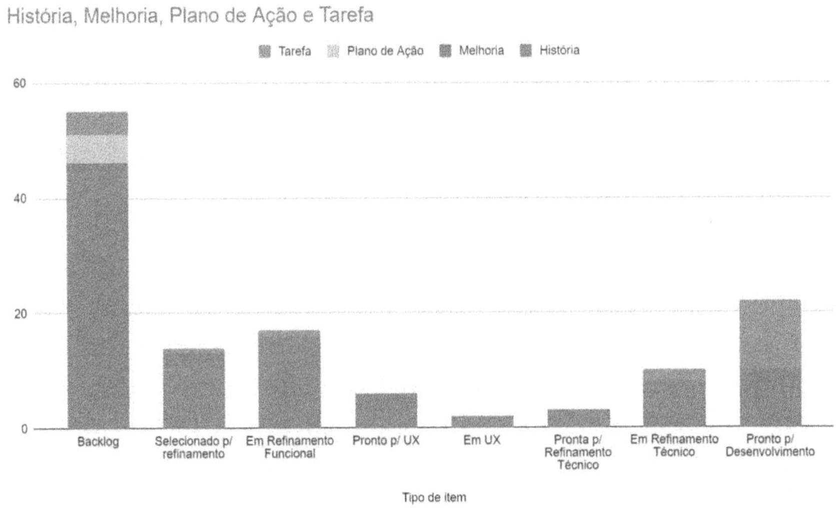

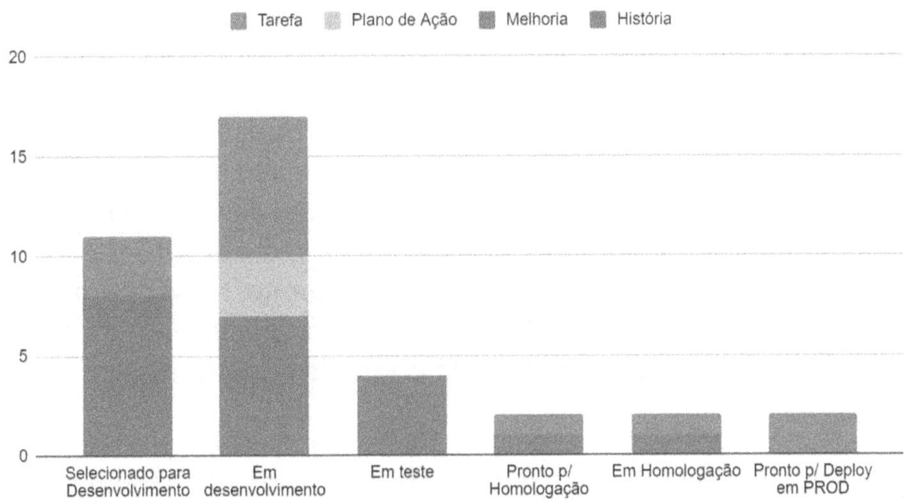

Primeiro impacto, e negativo (será?), foi um aumento considerável do tempo de *lead time*, ou seja, o tempo total que uma demanda precisa para ser feita (desde que foi criada até o tempo de subida em produção). E sim, tivemos um aumento assustador no indicador, em especial porque as práticas de *upstream*, de refinamento, que não existiam, agora existem! E também pelo fato de que agora temos mais itens preparados e "aguardando" serem feitos, ficando mais tempo em nosso fluxo.

Isso não foi visto negativamente – nós celebramos! Aqui foi vital trazer o apoio da liderança, um preparo muito importante antes das nossas revisões de discussões, para esclarecer os motivadores desse aumento negativo. Poderíamos ter uma liderança olhando para esse número e se assustando – afinal, estamos "demorando mais" para entregar algo!

Lembro ainda hoje a fala do diretor, que era convidado nessa revisão mensal, reforçando a todos o foco a longo prazo e dizendo que esse aumento significa que estamos evoluindo, que fazia sentido perante todo o nosso trabalho. Ele entendeu que, pelo nosso indicador de CT em *downstream*, que estava muito alto, iríamos começar a trazer um tempo de refinamento com qualidade, o qual iria, em um segundo momento, nos trazer resultados esperados. E essa fala, esse direcional, vindo da alta liderança, foi vital para dar ainda mais tração ao nosso trabalho, pois ficou claro e evidente que buscávamos o sucesso de forma responsável!

E tivemos bons resultados de velocidade! Poucas semanas depois, percebemos que nosso *lead time* voltou ao que era antes, cerca de 45 dias em média, porém, agora, com um tempo em *downstream* perto de 9 dias! Ou seja, migramos o tempo "perdido" em desenvolvimento para aquele tempo dedicado às práticas de refinamento. Nossos times, que são em sua maior parte de desenvolvimento, precisavam de menos tempo em cada demanda a partir do ponto de compromisso.

E esse momento, essa medição, foi nossa primeira grande vitória! Afinal, é preferível que nosso time de desenvolvimento dedique pouco tempo a cada uma de suas demandas; que, assim que um item for priorizado, seja pela *Sprint Planning* ou por uma *replenishment*, este seja rapidamente entregue. Ter um desenvolvedor correndo atrás de informações, mitigando dependências e com bloqueios não é uma alocação de capacidade inteligente – isso se chama desperdício.

Relembrando nossa escada de evolução até aqui: foco em termos um fluxo confiado (AF) e uma velocidade total (LT) adequada. Agora nos questionamos: qual o novo foco? Antes de entrar no assunto, apenas queria reforçar que os *squads* tiveram momentos diferentes nessa jornada, uns demorando mais do que outros, e estava tudo bem! Afinal, entendemos o foco e a evolução, jamais pulando etapas nessa jornada.

7.3.5 Eficiência no nosso processo

Tendo uma velocidade mais adequada das nossas entregas, acompanhada através do *lead time*, começamos nossa próxima etapa: a de entender nossos gargalos. Para isso, começamos com um olhar de eficiência de fluxo (EF).

EF = [Tempo total das colunas em ação(dias)/[*lead time* (dias)]

Esse indicador nos trouxe uma clareza de quanto tempo nosso time estava de fato atacando e trabalhando em um item *VERSUS* o tempo que o item estava aguardando alguém para trabalhar (conceito de fila, lá do nosso *guardrail*).

Nossa primeira medição após a evolução do FA e LT, conforme descrito anteriormente, foi de perto de 35%, ou seja, estávamos, dos 45 dias em média, trabalhando nas demandas apenas 15.75 dias, e praticamente o item ficava 30 dias esperando por algo ou alguém.

Curiosidade: esse indicador é de suma importância. Lembra que tínhamos todos os indicadores em um painel, lá no começo? Pois bem, esse também estava presente e era um dos nossos focos iniciais (naquele momento beirava perto dos 80%). E qual o motivo de ter piorado? Simplesmente pelo fato de agora ser real! Antes era apenas um número que não retratava a realidade das filas e bloqueios!

A EF nos traz uma visão de, em um primeiro momento, atacar os gargalos, trazendo muito uma cultura *Lean* de evitar desperdícios (em fila), bloqueios ou movimentos desnecessários.

Descobrimos que certas etapas do nosso fluxo precisavam ser revistas e a capacidade ajustada. Um dos exemplos é o alto tempo de espera em refinamento, em especial com o time de design. Também tivemos uma alta espera por parte de termos QAs dedicados, que realizavam os testes, além da homologação estar muito nas mãos de PMs, gerando gargalos críticos no nosso fluxo, pois estes estavam sobrecarregados. Sendo assim, trouxemos esses pontos ao time para discussão, ressaltando que, por mais que fosse de responsabilidade de certas pessoas, deveríamos trabalhar em conjunto para alavancar a velocidade do fluxo, com um olhar para o todo, aplicando práticas do método *Kanban* com um olhar muito forte para o fluxo de serviço.

Resistências aconteceram, afinal é muito mais fácil desenvolver do que mudar de chapéu (responsabilidade). Mas o entendimento de que fazer bem-feito, rápido e com qualidade era papel de todos e o apoio da liderança fizeram com que, aos poucos, conseguíssemos evoluir.

Revisitar os gargalos destravou nosso fluxo e alavancamos nossa EF para torno de 40%, reduzindo também, consequentemente, o nosso LT.

Também percebemos (através da EF) que, como nosso produto digital era uma plataforma, os *squads* geravam muitas dependências entre si e com outras áreas. Com essas dependências muitos bloqueios aconteciam, ou por esperarem uma demanda de outro time, ou mesmo porque a demanda pronta não era conectada com seus demandantes. Nesse momento, percebemos que um olhar mais estratégico e tático era vital. Afinal, precisávamos de um melhor planejamento em conjunto para alinhar nossas dependências e assim mitigar os riscos desses bloqueios.

Nesse momento, começamos a expandir para indicadores táticos, muito relacionados com velocidade, eficiência de fluxo e, em especial, aproveitamento de impacto através de indicadores de produto.

7.3.6 Discrepância em nossa velocidade

Por final, nessa jornada que lhe descrevo, demos nosso último passo para garantirmos um fluxo de entregas estável, confiável, eficiente e previsível. Agora nós focamos na discrepância do LT, calculado pelos percentis P50 e P85.

$$\Delta LT = [LT\ P50/LT\ P85]$$

Foi o que precisávamos para trazer a resposta sobre a previsibilidade, afinal, caso tenha notado, falamos muito de LT, AF e EF pela média das entregas, o que foi o caminho natural, mas isso ainda não tinha nos ajudado a ter uma previsibilidade confiável.

Imagine que, em um dia de sol, em São Paulo, da sua casa ao trabalho, seu percurso leve 30 minutos. Mas em um dia de chuva, o mesmo caminho leva quase duas horas. Assim foi como introduzimos esse indicador, dando a clareza do risco de mesmas demandas, com granularidades similares e mesmos processos, terem LT tão discrepantes.

A discrepância traz problemas escondidos ou minimizados pela média. Entender por que uma pequena faixa de suas entregas demora muito mais do que as outras foi a etapa final dessa jornada. Focamos em um primeiro momento no P85, muito devido ao cenário e à complexidade, mas fomos aos poucos elevando e chegando ao olhar de P95.

Muitos desses itens, após analisado nosso ΔLT, eram devido a complexidades muito grandes, em especial a dependências não mitigadas. Outro grande aprendizado através da análise desse indicador foi que poderíamos evoluir ainda mais nas práticas de quebra de *backlog*, assim como melhorar nosso processo de *discovery* e refinamento. Descobrimos que muitos desses *outliers* se deviam a uma complexidade que poderia ser resolvida em mudanças de negócio, mas era comumente tentada com código.

Você deve estar se perguntando: como era nossa ΔLT? No começo do nosso *dashboard* inicial com todos os indicadores era de 322%. Nos meses seguintes foi piorando drasticamente, chegando a 526% no quarto mês de foco e ações.

Apenas após as mudanças em AF, LT e EF nós começamos a focar ações sobre ele. Isso fez muito sentido no nosso caso.

Ter a AF nos trouxe números reais, que mostraram um LT alto e um tempo de código anormal. A evolução do nosso LT, apesar da não diminuição, mas invertendo o tempo de *downstream* para *upstream*, nos trouxe a clareza de possíveis gargalos e bloqueios. Gargalos e bloqueios medidos através da EF nos fizeram entender onde atacar primeiro, onde nossos esforços trariam mais resultados (com menor esforço), e assim começamos a ter mais previsibilidade. Por final, entendendo os motivadores de não conseguirmos ser previsíveis, ΔLT nos fez diminuir a cauda e, assim, garantiu cada vez mais, não apenas a previsibilidade, mas um LT mais estável.

7.4. Fechamento

Portanto, usamos esses três indicadores como foco: LT, EF e ΔLT. Criamos o AF como habilitador, ou seja, se você não atingiu o mínimo, está desclassificado para utilizar e evoluir os outros.

E aqueles indicadores como CT, *backlog* saudável, indicadores *Scrum*, entre outros, chamamos de meio, ou seja, não é o que buscamos como fim, mas nos ajudarão a melhorar os indicadores foco.

Para nosso contexto, criamos o mantra a seguir, que nos ajuda a garantir nossa velocidade e eficiência, para que tenhamos um processo e time otimizados, nos ajudando a endereçar todos os outros pilares!

Garantimos um fluxo estável, confiável e eficiente. Conseguimos usar nossos indicadores para priorizar nossas entregas por previsibilidade.		
	VELOCIDADE ADEQUADA	**ASSERTIVIDADE, CONFIABILIDADE E EFICIÊNCIA**
Indicadores foco	***LEAD TIME*** LT da *feature* <= 50 dias LT da *User Story*: 30 dias	**EFICIÊNCIA DE FLUXO** EF *feature* >= 40% EF *User Story* >= 45% **DISCREPÂNCIA DO LT** ΔLT (50%/95%) *feature* <= 200% ΔLT (50%/95%) US <= 200%
Indicadores meio		**TIMES *SCRUM* (nível *squad*)** % entrega planejada >= 75% % interferência escopo <= 20%
Habilitador	AF *User Story* >= 62,5% AF *Feature* >= 85%	

Figura 7.4. Mantra. Fonte: o autor.

7.4.1 Percepção de resultados e impactos no negócio

Ao final dessa jornada, conseguimos endereçar boa parte das dores indicadas, não pelo fato de termos os indicadores, mas por eles terem nos direcionado a uma evolução que nos trouxe mais maturidade!

Além de continuarmos a alavancar nosso negócio, que já estava bem, tivemos um foco e uma cultura de evolução contínua.

Nosso processo estava agora confiável, estável, com velocidade das entregas sem grandes discrepâncias, o que nos fez cada vez mais previsíveis. Ao final, atingimos patamares de LT em torno de 30 dias, com uma EF em torno de 45% e um ΔLT abaixo dos 300%.

Entender que nosso processo estava otimizado e eficiente não foi o fim, mas o começo de uma nova jornada, a de foco nos pilares de qualidade e de produto, e esse para nós foi um dos maiores ganhos!

Medir e observar nossa capacidade pelos indicadores aqui descritos nos deixou ainda mais inquietos e fez com que buscássemos a eficácia do nosso produto e a melhor qualidade de nossas entregas. Afinal, a eficácia só pode ser validada a partir de uma eficiência!

Nossa área, agora com um foco em eficiência, começou a evoluir para boas práticas de produto digital, trazendo provocações e evoluções ricas sobre como podemos otimizar nosso produto, nossa plataforma logística, para um alcance ainda maior, não apenas de canais, mas de usuários. Uma retenção e um engajamento mais frequentes, que pudessem alavancar ainda mais nosso negócio!

Não que isso não pudesse ser feito antes, mas a provocação inicial para entendermos se nossos times e processos poderiam ser ainda mais eficientes fez com que entendêssemos nosso potencial. Nossa capacidade, por mais que ainda possa evoluir, chegou a um patamar estável e minimamente eficiente. E esse patamar apenas poderia melhorar com uma injeção de mais recursos e/ou aumento de times, o que não era o propósito e a necessidade do momento. E essa, caro leitor, é uma resposta muito importante, que por muitas vezes é negligenciada, afinal, assumimos que nossos times e processos são maduros ou mesmo que nossos indicadores positivos são unânimes.

7.5. Considerações finais

O ano da eficiência e eficácia! Um mantra cada vez mais comum em nossos cenários mais complexos, nas empresas que cada vez mais precisam otimizar a alocação de recursos e investimentos! Neste capítulo, tentei trazer um pouco da minha experiência: foco em eficiência operacional pode e irá trazer muitos ganhos, diretos e indiretos, tanto para o negócio quanto para a qualidade, o produto e as pessoas!

Indicadores são importantes, mas entender por qual começar em sua jornada, e como eles impactam sistematicamente outros, pode e será vital na sua evolução. Criar uma cultura de entendimento analítico, de impacto e confiança em dados e indicadores, fará com que sua organização/área possa se adaptar a qualquer momento!

7.6. Sobre o autor

Jean Marcel Egles, Mecatrônico por formação, menino do interior que se encontrou em Curitiba, se apaixonou pelo mundo *tech* e desde então segue essa jornada.

Trabalhando e acreditando em agilidade nos últimos 10 anos, sempre comprometido com a inovação e explorando novas formas criativas de trabalhar e encontrar as melhores soluções.

Tive a oportunidade de trabalhar em diferentes organizações e setores, em especial com times em diferentes países, e simplesmente sou muito grato e apaixonado por conhecer tantas culturas, e por ter tido a experiência de conviver com elas.

Quando estou em casa, gosto de preparar minha própria cerveja e explorar alimentos fermentados, como kimchi, kombucha e pão de fermento. Sou de um distrito pequeno no interior do Paraná, Entre Rios, e um fato curioso é que possuo cidadania croata (por ser uma colonização da antiga Iugoslávia).

Algo incomum sobre mim: já saltei de *bungee jump* da ponte mais alta (África do Sul) e adoro esportes radicais como paraquedismo.

Amo viajar, e minha viagem favorita até o momento foi para a Coreia do Sul e o Japão!

Espero ter ajudado o leitor trazendo um pouco da minha jornada, colaborando com esse projeto ímpar.

7.6.1 Meu papel na aplicação do *case*

Agile Coach

8. A jornada ágil: transformando o fluxo e reduzindo o tempo de ciclo

Bárbara Luisa Pinheiro[27]

Período de acompanhamento:	05/2023 a 12/2023
Segmento da empresa:	Telecomunicações
Quantidade de colaboradores:	13 colaboradores no *squad* que cuidava de quatro produtos grandes

8.1. Cenário inicial

O cenário que venho compartilhar com vocês ocorreu entre maio e dezembro de 2023 na área de digital de uma empresa de telecomunicações.

---

[27] <https://www.linkedin.com/in/barbara-luisa-pinheiro/>.

Eu já fazia parte dos quadros da empresa e recebi um novo desafio de mudar de equipe. Percebi novas oportunidades de crescimento profissional. Encarei essa transição de forma proativa, consciente de que representava uma chance de expandir meus conhecimentos e habilidades. Não posso dizer que mudança não dá medo, mas faz parte da vida sempre estarmos em mudança. Se o medo for maior que a vontade de crescer, ficamos estagnados – e não podemos permitir isso de forma alguma.

Minha experiência em tecnologia da informação foi fundamental nesse processo. Cada experiência anterior contribuiu para minha evolução como profissional, capacitando-me a tomar decisões de forma objetiva. Como agilista, encontrei meu verdadeiro brilho, liderando equipes em direção ao sucesso e identificando soluções para problemas que antes não eram claros.

Ao integrar o novo time, percebi oportunidades de melhoria em todo o processo. Utilizávamos o Jira para fazer a gerência do projeto e várias planilhas de Excel como suporte, o que acabava muitas vezes repetindo a mesma informação em lugares diferentes e com status diferentes. Por exemplo, a História "MC-1162" em uma planilha poderia estar como *backlog* e em outra como em desenvolvimento, mas no próprio Jira estava como concluída.

Observando o quadro do Jira, notei várias histórias de usuários com algum tipo de impedimento, ou melhor, em uma seção apartada de bloqueio, onde de verdade nem eram mostradas na *daily*, o que evidenciava possíveis gargalos no fluxo de trabalho. Além disso, o *cycle time* prolongado indicava uma lentidão no desenvolvimento, podendo afetar prazos e qualidade do produto. O time não conhecia suas métricas, fluxo de trabalho, WIP[28], DoR[29], DoD[30] etc.

Achei que deveria olhar as métricas para entender o comportamento do time e possíveis gargalos e me deparei com um cenário de 45 dias de *cycle time*.

[28] *Work in Progress.*

[29] *Definition of Ready.*

[30] *Definition of Done.*

Na imagem, alguns detalhes foram alterados devido a restrições da empresa. Porém, podemos ver itens com mais de 100 dias em desenvolvimento; assim, chegamos a uma média de mais de 45 dias úteis para uma entrega.

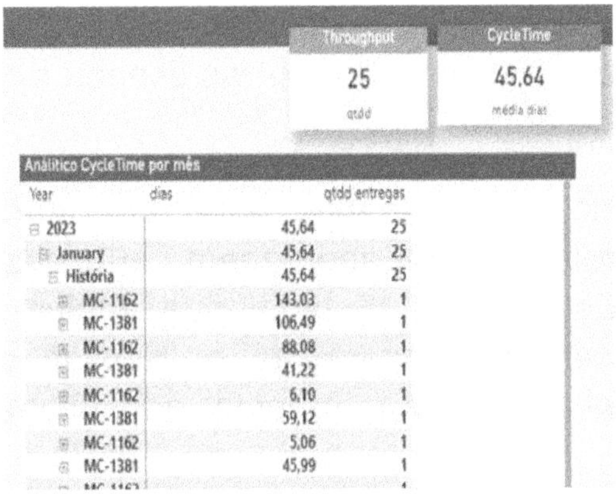

Figura 8.1. Gráfico de *cycle time*. Fonte: a autora.

A análise dessa realidade evidenciou a necessidade urgente de mudanças. Ficou claro para mim que o processo atual não estava alcançando sua eficiência, o que me despertou a necessidade de implementar transformações que impulsionassem a produtividade e a eficácia da equipe.

Minha prioridade era criar um ambiente de trabalho mais fluido e colaborativo, onde as barreiras ao progresso fossem reduzidas e a equipe pudesse alcançar todo o seu potencial. Porém, como um novo membro do time, não poderia fazer mudanças bruscas ou criticar o processo atual. Resolvi seguir por um modelo mais de implementar mudanças gradativas e colher os frutos aos poucos, para ganhar a confiança e o apoio de todo o time.

Embora essa perspectiva inicial possa parecer desafiadora, enxerguei-a como uma oportunidade para fortalecer minha resiliência e meu comprometimento em superar obstáculos e impulsionar melhorias significativas no ambiente de trabalho, pois o que o desafia o faz crescer.

8.2. Identificando gargalos e desperdícios

Foram examinados diversos itens: processos, fluxos de trabalho, bloqueios/impedimentos, várias histórias abertas para o mesmo profissional, priorização, WIP de colunas no *board* do Jira, escrita de história, DoR e DoD, gráfico CFD e outros aspectos que poderiam ser aprimorados dentro do time.

Como já citado anteriormente, optei por introduzir melhorias gradualmente, adotando uma abordagem cautelosa devido à minha recente integração ao time. Entendi que implementar mudanças bruscas ou criticar prematuramente o trabalho do time poderia comprometer minha posição e impactar negativamente o processo de melhoria.

Assim, priorizei uma abordagem cuidadosa e colaborativa para promover mudanças positivas de forma sustentável. Nesse primeiro momento somente levantei o que era urgente. A seguir, as fases avaliadas e cada detalhe analisado.

8.2.1 Histórias de usuário com bloqueio/ impedimento no *board* do Jira

Foi possível constatar que a *flag* de bloqueio padrão do Jira não estava sendo utilizada para indicar bloqueio/impedimento nas histórias de usuário. Essa *flag* nos ajuda no momento de avaliar as métricas, pois gera relatórios importantes para podemos mensurar e tratar os cenários.

Conforme figura a seguir, é um recurso bem simples que nos permite sinalizar que aquele item possui bloqueio/impedimento e fazer um comentário explicando o que houve.

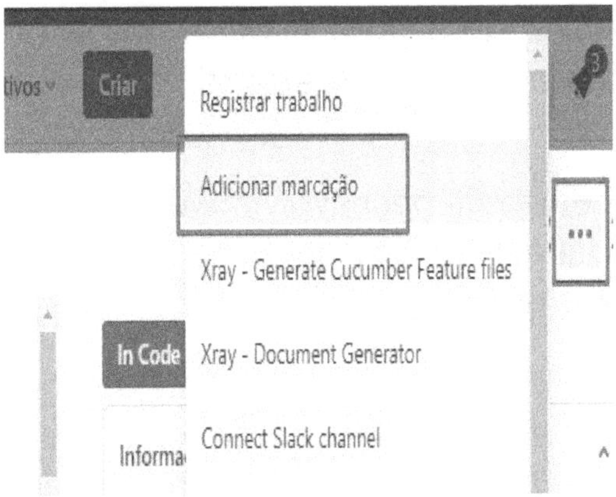

Figura 8.2. *Flag* de bloqueio no Jira (1). Fonte: a autora.

Assim que acionada, o item é sinalizado com uma bandeirinha.

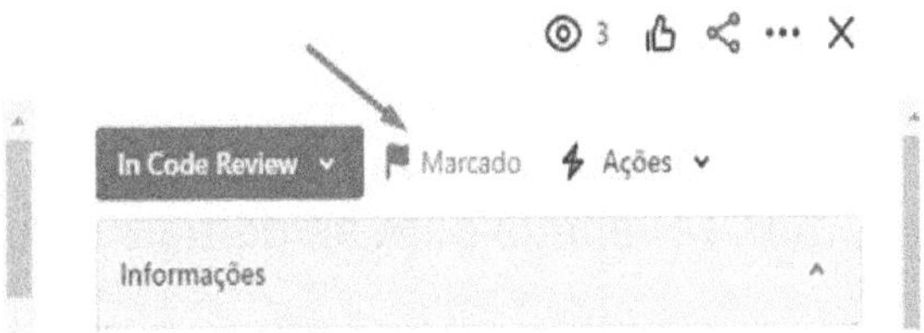

Figura 8.3. *Flag* de bloqueio no Jira (2). Fonte: a autora.

Em vez disso, uma seção separada no *board* era utilizada para separar itens bloqueados/impedidos.

Porém, no cenário atual seria necessário entender cada história de usuário, uma a uma, e o que estava realmente ocorrendo, pois os comentários não forneciam clareza sobre a natureza do bloqueio/impedimento, sejam eles relacionados a aspectos de negócio, técnico, qualidade ou outro.

Nesta etapa identifiquei dois pontos de melhoria:

1. Falta de uso da *flag* de bloqueio do Jira.
2. Falta de comentário explicando o motivo do bloqueio/impedimento.

8.2.2 Histórias de usuário iniciadas ao mesmo tempo pelo mesmo profissional

Ao analisar a coluna de desenvolvimento, pude constatar que um mesmo profissional estava incumbido de três ou quatro histórias de usuário simultaneamente.

Logicamente, a execução eficaz de múltiplos temas distintos por uma única pessoa não é possível, indicando que uma história estava em progresso enquanto as demais aguardavam ação, sem qualquer sinalização visível de prioridade ou status.

É crucial ressaltar que todas as histórias já estavam iniciadas, resultando em um investimento de esforço por parte do desenvolvedor que poderia se perder quando precisasse retomar o item, exigindo uma reconstrução do contexto e dos requisitos específicos de cada cenário.

O cenário citado anteriormente é somente da coluna de desenvolvimento, mas se repetia para as demais colunas.

Outro exemplo seria a coluna de testes: um profissional de controle de qualidade testando de três a quatro histórias distintas ao mesmo tempo, mas na prática estava atuando em somente uma.

Nesta etapa identifiquei dois pontos de melhoria:

1. Falta de WIP nas colunas.
2. Falta de priorização do *backlog*.

8.2.3 Priorização das histórias de usuário

Pude observar que todas as histórias de usuário, sem exceção, estavam classificadas com a prioridade média, indicando uma ausência geral de atribuição de prioridades.

No contexto do Jira, é essencial compreender e aplicar adequadamente as diversas prioridades disponíveis para as histórias de usuário, a fim de refletir de maneira precisa a importância relativa de cada item no *backlog*.

No sistema Jira, as prioridades podem ser definidas de acordo com um conjunto predefinido de valores, que incluem, mas não se limitam a: "Alta", "Altíssima", "Média", "Baixa" e " Baixíssima".

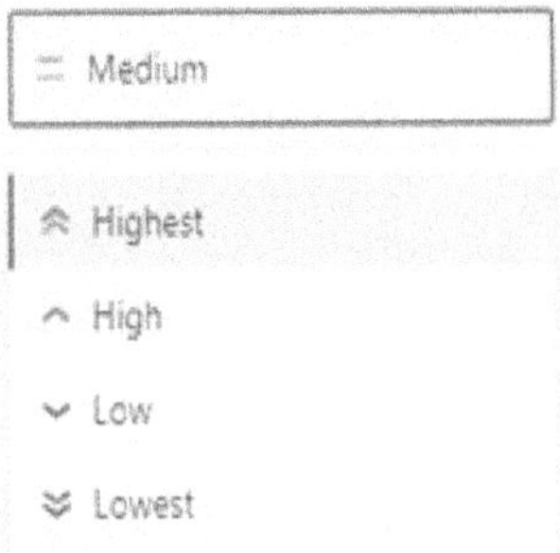

Figura 8.4. Prioridades no Jira. Fonte: a autora.

Ao negligenciar a classificação das histórias de usuário com prioridades adequadas, como "Alta" para itens urgentes ou para questões que afetam diretamente a operacionalidade do sistema, há um risco significativo de desalinhamento entre as expectativas dos *stakeholders* e a execução do desenvolvimento.

E este era exatamente meu cenário atual: onde tudo era prioridade, nada era prioridade. Tínhamos várias histórias de usuário que iniciavam e não terminavam, pois outras eram prioridades e seria necessário parar e atender alguma mais urgente.

Nesta etapa identifiquei um ponto de melhoria:

1. Falta de priorização do *backlog*.

8.2.4 Colunas do *board* do Jira com mais atividades que profissionais para executar

No momento inicial existiam várias colunas que não eram utilizadas ou não faziam sentido, mas estavam ali no fluxo de trabalho porque algumas eram muito importantes para o andamento das entregas e não existia um controle.

Na época eram seis desenvolvedores, um controle de qualidade, dois designers, um *Product Owner*, um *Scrum Master*, um líder técnico e um analista de negócio.

Todas as colunas continham mais atividades em andamento que profissionais disponíveis para execução.

Outro ponto bem importante que me chamou a atenção foi a falta de automação para comunicar os responsáveis pelas colunas que existiam trabalhos pendentes que precisavam de atenção. Esse cenário pode acarretar atrasos desnecessários, exemplificados pela espera prolongada por aprovação técnica, validação de qualidade ou mesmo por aval do *Product Owner* em muitos itens, seja essa comunicação via e-mail, Slack, Discord e por aí vai.

Nesta etapa identifiquei dois pontos de melhoria:

1. Falta de WIP nas colunas-chave.
2. Falta de automação nas colunas.

8.2.5 Fluxo de trabalho do *board* Jira

Dentro do Jira podemos criar o melhor fluxo para a equipe que se encaixe na forma como ela trabalha. Ao analisar o fluxo, achei-o um pouco confuso, pois as histórias de usuário se iniciavam com o trabalho do designer e continuavam com o desenvolvimento.

Pensando em um melhor cenário e em um DoR, o esperado era que o protótipo ou *wireframe* estivesse pronto para o desenvolvedor iniciar seus trabalhos e nesse momento a história fosse aberta ou criada. Essa lacuna pode ser atribuída ao fato de que as histórias de usuário eram concebidas inicialmente para o trabalho de UX, passavam por várias fases e somente após a aprovação eram encaminhadas para o desenvolvimento – dessa forma, o *cycle time* teria um aumento significativo.

Também não eram claras as etapas pelas quais a história deveria passar até ser disponibilizada em produção. Caso existisse um erro e fosse necessário corrigir, não era possível retroceder as etapas.

Nesta etapa identifiquei um ponto de melhoria:

1. Falta de um fluxo de trabalho que refletisse a realidade do time.

8.2.6 Tipo de itens utilizados no *board* Jira

Dentro do Jira é possível ter vários tipos de itens para cada tarefa realizada – por exemplo, para o trabalho de designer, para correção de erro em produção ou em desenvolvimento, para teste e por aí vai. Esses tipos de itens nos ajudam a metrificar as entregas e a acompanhar o trabalho do time.

No cenário atual utilizávamos somente história de usuário, erro (*bug*) e tarefa.

Nesta etapa identifiquei um ponto de melhoria:

1. Falta de itens que refletissem a realidade do time e o trabalho de cada profissional.

8.2.7 Histórias de usuários que acabavam gerando duplo sentido ou má interpretação ou histórias extremamente gigantes

Ao observar as histórias de usuários, pude ver que algumas continham somente o título; outras, apenas uma linha para detalhar a solicitação do desenvolvimento de uma funcionalidade; ou às vezes um texto grande. Não havia quebra da história em partes entregáveis ou uma junção por épico.

Isso poderia causar má interpretação, ou seja, quando não sabemos pedir com detalhes o que realmente precisamos, podemos receber algo que não era o esperado, gerando assim retrabalho.

Algumas histórias possuíam mais de 100 dias de desenvolvimento e não estavam perto do fim, pois uma única pessoa estava desenvolvendo um módulo inteiro, e não existia nenhum detalhe em lugar nenhum, somente na memória das pessoas.

Nesta etapa identifiquei cinco pontos de melhoria:

1. Falta de padrão na escrita das histórias de usuários.
2. Falta de definição de DoR e DoD.
3. Falta de procedimento para documentação do projeto, sendo que possuíamos licença do Confluence.
4. Falta de definição de épico e utilização dele.
5. Falta de quebra de história em itens menores que fossem tangíveis, mensuráveis e de rápida análise.

8.2.8 Análise do *cycle time* e do *lead time* das histórias de usuários

Após avaliar todos os itens anteriores, tinha certeza de que não poderia esperar o melhor cenário com relação a *cycle time* e *lead time*, mas essa análise era necessária.

O gráfico de CFD[31] refletia um cenário onde existiam inúmeras histórias de usuários no *backlog* para serem trabalhadas, mas que já estavam velhas, ou veja, algumas com até dois anos de criação e talvez não fizessem mais sentido, ou com *bugs*/erros que não existiam mais.

Já o *cycle time* olhando no detalhe de cada história, itens simples, com pontuação de 3 *story points*, levavam em média 25 dias, algo extremamente estranho. Já outras histórias estavam com mais de 200 dias em aberto.

Nesta etapa identifiquei três pontos de melhoria:

1. Falta de higienização do *backlog*, ou seja, cancelar ou fechar itens que não fizessem mais sentido, pois estes afetam diretamente as métricas.
2. Falta de entendimento da pontuação de *story points*.
3. Falta de acompanhamento e conhecimento das métricas por parte da equipe.

8.3. Avançando para uma cultura ágil: melhorando resultados e o ambiente de trabalho

Após toda a análise realizada, algumas reflexões:

1. Estamos alcançando nossas metas como equipe?

Sim, estamos conseguindo, embora de forma limitada.

[31] *Cumulative Flow Diagram*.

2. **Por que considerar mudanças então?**

Porque temos o potencial de alcançar resultados muito mais significativos, com maior qualidade e, acima de tudo, promover um ambiente de trabalho mais positivo e seguro.

3. **Nossos colaboradores estão verdadeiramente satisfeitos?**

Em um ambiente onde as pessoas não se sentem à vontade para expressar suas opiniões, ideias e dúvidas, há algo de errado.

Diante dessas reflexões, ficam evidentes a urgência e a relevância de implementar mudanças. Afinal, não estou apenas buscando resultados melhores, estou comprometida a criar um ambiente onde cada membro da equipe se sinta valorizado, capacitado e motivado a contribuir plenamente. Assim, ao avançar para uma cultura ágil, vislumbramos melhorias tangíveis em nossos resultados e fortalecemos os laços que unem nossa equipe.

8.4. Implementando mudanças, capacitações e clareza de propósito

Perfeito: após coletar todas as informações para iniciar o trabalho de transformação ágil, agora é colocar a mão na massa.

Seguem as etapas percorridas.

8.4.1 Mudança de *framework*

Decidi iniciar mudando o *framework* de *Scrum* para *Kanban*, uma vez que nosso trabalho era contínuo e muitas vezes um item não seria entregue em uma *Sprint* de duas semanas devido a vários processos pelos quais o item passava até estar disponível em produção.

Mas para mudanças em uma empresa vertical e conservadora, seria necessário passar por algumas aprovações e conseguir explicar por que a escolha por *Kanban*.

Seguem meus pontos para seguir com a mudança:

1. **Flexibilidade de processo:** enquanto o *Scrum* é mais estruturado, com suas *Sprints* e reuniões específicas, o *Kanban* oferece uma abordagem mais flexível. Ele permite que você adapte o fluxo de trabalho conforme necessário, sem a rigidez de iterações fixas. Isso pode ser especialmente útil em equipes onde os requisitos estão em constante mudança ou em projetos com prazos menos definidos.
2. **Foco no fluxo de trabalho:** o *Kanban* enfatiza o fluxo contínuo de trabalho, eliminando as iterações fixas do *Scrum*. Isso pode resultar em uma entrega mais rápida e eficiente de valor para o cliente, já que o trabalho é movido através do quadro *Kanban* à medida que está pronto, sem esperar pelo final de uma *Sprint*.
3. **Visibilidade do processo:** *Kanban* oferece uma visão clara do estado atual de todas as tarefas em andamento. Isso pode ajudar a identificar gargalos e otimizar o fluxo de trabalho, permitindo uma tomada de decisão mais informada e uma alocação de recursos mais eficiente.
4. **Redução de desperdício:** ao permitir que o trabalho seja movido pelo quadro *Kanban* à medida que fica pronto, você pode reduzir o desperdício de tempo e de recursos associado à espera pelo final de uma *Sprint* no *Scrum*. Isso pode levar a uma maior eficiência e produtividade da equipe.
5. **Simplicidade:** o *Kanban* é geralmente mais simples de entender e implementar do que o *Scrum*, especialmente para equipes que estão apenas começando com metodologias ágeis. A transição para o *Kanban* pode ser mais suave e menos disruptiva do que tentar implementar o *Scrum* completamente.

Após apresentar minhas descobertas e áreas de melhoria identificadas dentro do *squad*, além de discutir os pontos mencionados sobre o *Kanban* com a *Tribe Leader* e a *Squad Leader*, recebi a aprovação para avançar com a transformação.

8.4.2 Implementação do *Kanban*

Em relação ao Jira, implementei um *board Kanban* mantendo a familiaridade do processo existente, evitando uma transição abrupta. A principal alteração nesse momento foi a eliminação das *Sprints*.

As cerimônias habituais, como a *daily*, retrospectiva e *planning*, foram mantidas, embora a *review* tenha sido descartada, pois já não era praticada. A *planning* foi ajustada para ocorrer semanalmente, permitindo uma rápida avaliação do que deve entrar em desenvolvimento e o que não justifica mais seguir adiante.

Embora as mudanças no início tenham sido discretas, já estávamos nos preparando para colher os benefícios dessa transição.

8.4.3 Priorização das histórias de usuário

Na primeira cerimônia de *planning*, dedicamos um tempo para revisar os itens que estavam há um bom tempo nas colunas de *backlog* e desenvolvimento. Muitos deles tinham envelhecido e perdido sua prioridade, então decidimos entre cancelá-los, iniciá-los ou retomá-los, dependendo de seu estado atual. A partir dessa etapa, iniciei o processo de higienização do *backlog*.

Conversei com o *Product Owner* e acordamos que as histórias seriam priorizadas semanalmente, dada a natureza ágil das mudanças que estávamos enfrentando. Priorizamos essas histórias com base no *feedback* dos *stakeholders* ou na urgência de problemas em produção, seguindo o padrão estabelecido no Jira mencionado anteriormente. Dessa forma, garantimos que os desenvolvedores pudessem pegar novas tarefas assim que concluíssem o trabalho atual, mantendo um fluxo contínuo de trabalho e evitando períodos de inatividade.

Ou seja, com essas ações conseguimos avançar em direção de termos:

1. Priorização e higienização do *backlog*.
2. Menos desperdício de tempo dos profissionais do time.

8.4.4 Ajuste do fluxo de trabalho/*workflow* do Jira, padronização dos itens do Jira e inserção de WIP

Após entender como funcionavam as etapas de desenvolvimento dentro do time, realizei alguns ajustes no fluxo de trabalho a fim de torná-lo mais simples e mensurável. Também aproveitei o momento e padronizei os itens em que iríamos trabalhar a partir daquele momento, conforme figura a seguir:

Figura 8.5. Itens de trabalho no Jira. Fonte: a autora.

8.4.4.1. Fluxo de Designer/UX

Para garantir que a etapa de UX ocorresse antes da criação da história de usuários, introduzi uma modificação no fluxo, associando um item no Jira chamado "Tarefa de UX/UI". Assim, o *Product Owner* seria responsável por criar uma tarefa específica para que os designers pudessem trabalhar, seguindo o mesmo processo de priorização das histórias. É crucial destacar que essa mudança foi discutida e acordada com o *Product Owner* e os designers, já que seriam os mais impactados por essa alteração.

Também planejamos utilizar o subitem "Análise de UX" para casos de ajustes pontuais em protótipos já existentes ou mudanças durante o desenvolvimento.

Segue o fluxo de trabalho de UX:

Figura 8.6. Fluxo de trabalho de UX. Fonte: a autora.

No Jira, para habilitar a aba "Backlog" no *board*, é necessário ter um estado vinculado. Por isso, criei o estado "Backlog" para armazenar as tarefas de UX e, em seguida, o estado "Roadmap" para os itens de fácil acesso aos profissionais.

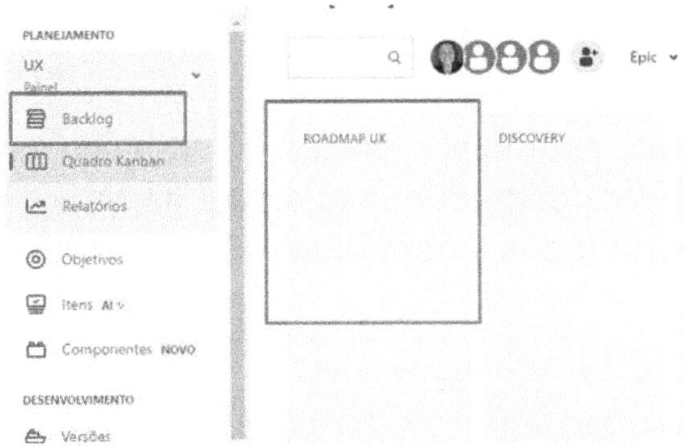

Figura 8.7. *Board Backlog* e *Roadmap* UX no Jira. Fonte: a autora.

O estado "Em Revisão" foi designado para revisão do trabalho do designer junto ao *Product Owner*, buscando sua aprovação. Configurei um limite de trabalho em progresso (WIP) nessa coluna para evitar acúmulo de tarefas aguardando aprovação. O mesmo procedimento foi aplicado ao estado "Validação Técnica", onde a validação envolve designer, *Product Owner* e Líder Técnico, conforme imagem:

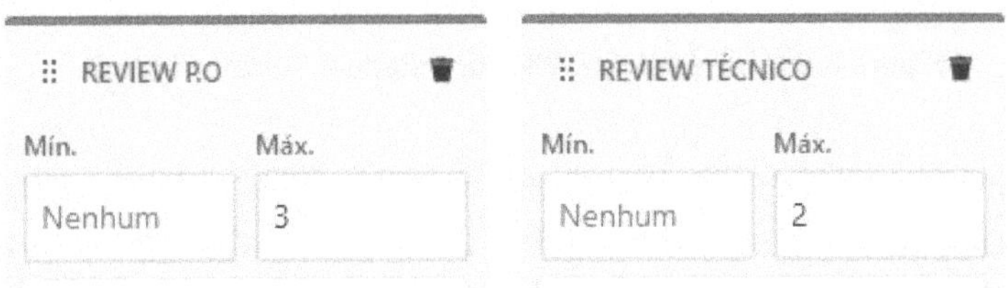

Figura 8.8. Configuração de limite de trabalho em progresso (WIP). Fonte: a autora.

8.4.4.2. Fluxo de desenvolvimento

Para simplificar o trabalho da equipe e evitar gargalos, removi algumas etapas do fluxo de desenvolvimento. Além disso, assegurei que um item pudesse retroceder uma etapa, se necessário. Por exemplo, se identificássemos um erro durante a validação com o *Product Owner*, seria possível retornar à etapa de desenvolvimento. É importante destacar que essas mudanças foram discutidas e acordadas com toda a equipe.

Nessa fase, vinculei os tipos de itens: História de Usuário, *Bug* e Dívida Técnica.

Além disso, estabeleci limites de trabalho em progresso (WIP) nas colunas para garantir que qualquer gargalo fosse imediatamente identificado por todos, possibilitando ajustes rápidos.

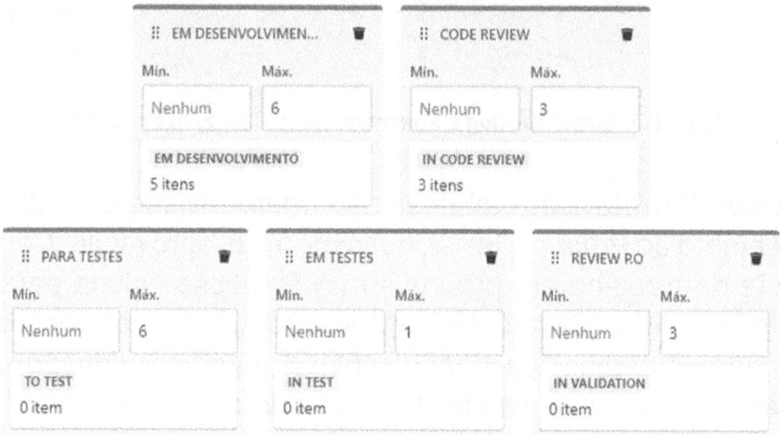

Figura 8.9 Configuração WIP por estados. Fonte: a autora.

Nos estados "Code Review" e "Review P.O.", ao inserir um item nessas colunas, uma mensagem é automaticamente enviada no Discord, a ferramenta que usamos para comunicação, alertando o profissional responsável para que realize sua ação. Essa medida visa evitar que o item fique parado nesses estados. A automação é um recurso nativo do Jira e pode ser configurado em qualquer projeto.

8.4.4.3. Fluxo para subtarefa

Os itens principais, como a "História de Usuário", têm subtarefas para facilitar a divisão em partes menores ou para compartilhar o trabalho com outros profissionais. Portanto, foram adicionadas as seguintes subtarefas: "Análise de Negócio", "QA", "Subtarefa" e "Sub-*Bug*".

A implementação de todos os itens citados nesta seção resultou em termos:

1. Limites de trabalho em progresso (WIP) nas colunas.
2. Automação em determinados estados do fluxo de trabalho.

8.4.5 Higienização do Jira

Após implementar algumas mudanças significativas na equipe, chegou o momento de revisar todos os itens existentes no Jira e avaliar se faziam sentido permanecerem abertos ou não, tanto os itens principais quanto as subtarefas. Utilizando o Jira, é possível extrair uma listagem de todos os itens em aberto ou no *backlog*.

Mas por que esse esforço? Itens no estado de *backlog* impactam o *lead time*, enquanto itens em aberto afetam o *cycle time*.

Durante essa revisão, identifiquei itens abertos desde 2021 e 2022, atribuídos a profissionais que já não estavam mais na empresa. Certamente esses itens precisavam ser cancelados.

Esta ação resultou em:

1. Higienização do Jira e itens que poderiam estar afetando as métricas.

8.4.6 Criação e utilização de épicos e quebra de histórias de usuário

A tribo onde o *squad* estava alocado utilizava o SAFe®. Durante o *PI Planning*, os temas a serem trabalhados no trimestre eram apresentados, o que significava que tínhamos épicos para a reunião, porém não os utilizávamos na prática. Para resolver isso, criei os épicos dentro do Jira. Em seguida, eu, o *Product Owner* e o Analista de Negócios iniciamos o trabalho de vincular as Histórias de Usuários aos seus respectivos épicos.

Mas não bastava apenas criar os épicos; era crucial garantir que o objetivo ficasse claramente definido. Com o auxílio de outros *Agile Coaches* da empresa, realizamos um *workshop* prático sobre como desdobrar histórias em blocos menores e qual o propósito de utilizar épicos.

Essa iniciativa gerou benefícios significativos não apenas para nosso *squad*, mas para toda a equipe. Com isso, conseguimos implementar:

1. A utilização de épicos de forma eficaz.
2. A quebra de histórias em blocos menores para melhor gerenciamento e execução.

8.4.7 Padronização na escrita de histórias de usuário e *bug*/erro e definição de DoR e DoD

Este é um ponto muito sensível, e ao compartilhar essa dificuldade com outros colegas da empresa percebi que não era uma questão exclusiva do meu *squad*, mas um desafio enfrentado em toda a organização. Diante disso, tomamos a iniciativa de promover um *workshop* prático para apresentar as melhores práticas e os requisitos mínimos esperados em uma história.

Não posso afirmar que resolvemos completamente o problema, mas conseguimos melhorar significativamente a situação com a implementação de novas histórias de usuários mais completas.

Outro *workshop* que conduzi, dessa vez exclusivamente com meu *squad*, foi para a definição de DoR (*Definition of Ready*) e DoD (*Definition of Done*), já que tínhamos recebido reclamações de todo o time. O *workshop* foi extremamente produtivo, com todos os participantes compartilhando suas perspectivas. Como equipe, chegamos a um consenso sobre o que seria ideal para termos histórias de usuários mais completas e uma entrega mais eficaz. A seguir, a definição que acordamos para DoR e DoD.

DoR (*Definition of Ready*):

- Título da história claro e objetivo
- Protótipo utilizando a padronização da empresa, responsivo e com fluxo de telas definido
- Massa de teste completa
- APIs dos parceiros prontas, validadas e com a capacidade aprovada e em produção
- Instruções claras para reproduzir *bugs*
- Pontuação definida, sem ultrapassar 13 pontos de desenvolvimento mais pontos de QA
- História refinada
- Documentações técnicas disponíveis, quando necessário
- Prioridade em relação a outros itens claramente definida
- Critérios de aceitação estabelecidos
- Regras de negócio bem claras e definidas

DoD (*Definition of Done*):

- Testes em ambiente de homologação para dispositivos móveis e *desktop*
- Evidências dos testes realizados, incluindo os principais itens
- Revisão do *Product Owner* para aprovação ou *feedback*
- Critérios de aceitação cumpridos
- Subtarefa de UX concluída e Figma atualizado de acordo com o desenvolvimento.

8.4.8 Chega de histórias de usuários com bloqueio/ impedimento

Com a implementação de todas as etapas anteriores, chegou o momento de resolver ou remover os bloqueios das histórias de usuários que ainda estavam pendentes, registrando nos comentários o motivo do impedimento e trabalhando para encontrar soluções.

Além disso, com as mudanças implementadas, começamos a utilizar a *flag* do Jira para sinalizar bloqueios, o que facilitou a identificação e a medição desses problemas, contribuindo para futuras melhorias.

No entanto, nesse momento, era raro encontrar itens bloqueados, pois as histórias de usuários estavam mais completas desde o início, evitando problemas no meio do fluxo de trabalho. Quando ocorria algum bloqueio, combinávamos de inserir nos comentários o motivo real do impedimento.

8.5. Do ciclo de 45 dias à eficiência de 14 dias

No desfecho, pude testemunhar a transformação completa do time. Partindo de um ciclo de vida de desenvolvimento com um *cycle time* de 45 dias, implementei uma série de mudanças significativas que revolucionaram o processo de trabalho. Desde a simplificação do fluxo de trabalho do Jira até a definição clara de critérios de aceitação (DoR) e conclusão (DoD), cada passo foi crucial para alcançar o objetivo do time.

Ao longo desse percurso, priorizei a qualidade e a eficiência, estabelecendo padrões para o desenvolvimento de histórias. Histórias incompletas eram prontamente identificadas e corrigidas antes de entrarem em desenvolvimento. Isso resultou em uma redução significativa de retrabalho e no aumento da qualidade do produto.

Além disso, a promoção de uma cultura de transparência e responsabilidade, por meio de *workshops* e compartilhamento regular de métricas, fortaleceu ainda mais o espírito de equipe e a colaboração. Ao mudarmos para o *framework Kanban*, consegui otimizar ainda mais o fluxo de trabalho, garantindo que os itens passassem por todas as etapas de desenvolvimento, testes e implantação em produção em menos de 15 dias.

Hoje, celebramos não apenas a conquista de um *cycle time* de 14 dias, mas também a consolidação de um time unido, eficiente e altamente produtivo. Nosso sucesso é resultado do comprometimento e da dedicação de cada membro da equipe, e estou confiante de que continuaremos a alcançar novos patamares de excelência em nossos projetos futuros.

Gostaria de expressar minha gratidão a toda a equipe que trabalhou ao meu lado e confiou no meu trabalho, especialmente à *Tribe Leader* e à *Squad Leader*, que me apoiaram em todas as mudanças.

8.6. Sobre a autora

Meu nome é Barbara, sou casada e apaixonada pelo meu esposo Emerson e pelo nosso filho Luiz. Amo estar com minha família, incluindo meus pais (Luiz e Joana) e meus irmãos (Vera, Gabi, Carlos e Sérgio).

Trabalho com tecnologia da informação há mais de 10 anos e sou completamente apaixonada pelo que faço. Amo trabalhar com tecnologia, liderar times, desenvolver pessoas e lidar com métricas. Acredito firmemente que "não se gerencia sem métricas" e aplico esse princípio tanto no meu trabalho quanto na minha vida pessoal.

Estou sempre em busca de melhorar, e a melhoria contínua é um pilar fundamental para mim, tanto no âmbito pessoal quanto profissional.

9. Confiabilidade dos dados para geração de métricas

Cíntia Guberovic[32]

Período de acompanhamento:	05/2023 a 02/2024
Segmento da empresa:	Cosméticos
Quantidade de colaboradores:	20 mil

9.1. Cenário inicial

Quando aceitei o convite para assumir como gerente de agilidade em um grande grupo, senti que tudo até aqui tinha valido a pena: os (muitos!) treinamentos, horas e horas montando estratégias de como utilizá-los na prática para extrair o maior valor possível de toda ação praticada, enfim, todo o esforço estava sendo recompensado.

Cheguei na empresa em um cenário fértil, onde o time de agilidade, até então com oito pessoas, estava no caminho que eu almejava: já tinham identificado algumas dores e estavam trabalhando na solução delas.

[32] <https://www.linkedin.com/in/c%C3%ADntia-guberovic-909914b8/>.

Cheguei na fase de assinatura do contrato com a empresa fornecedora de uma ferramenta de fluxo (Businessmap) que, nativamente, poderia resolver uma de nossas maiores dores: não tínhamos métricas de nada!

Havia sido uma longa busca pela ferramenta ideal, muita análise, *benchmarking*, avaliação de custo x benefício, até, finalmente, a Businessmap ter sido a escolhida.

A Businessmap era uma velha conhecida minha, pois, além de cliente há alguns anos, também conhecia o time do Brasil e da Bulgária e já nutríamos grande admiração mútua. Gosto muito da abordagem, da manutenção e do suporte da ferramenta que eles mantêm com os clientes.

Porém, de cara percebi que a ferramenta por si só não nos daria as respostas de que precisávamos: não tínhamos estratégia de atuação, tudo era feito como e quando os times quisessem fazer, da forma que quisessem fazer, utilizando métodos (ou não), utilizando *frameworks* (ou não)... tudo ao seu bel-prazer! A maioria atuava atrás de uma cortina de fumaça que se dizia "agnóstica", mas que na verdade era o bom e velho *Go Horse*[33]. Algumas áreas até tinham métodos bem definidos e bem aplicados, mas de forma "silada", ou seja, não tínhamos visão tática e estratégica, visão do todo, não conseguíamos responder de forma conjunta à pergunta da alta direção: "o quanto somos eficientes?".

Importante explicar de onde nasceu essa pergunta: o grupo internalizou seu time de TI (antes em grande parte terceirizado), buscando aumentar engajamento e fortalecer a cultura da empresa, transformando alguns prestadores de serviços em colaboradores e trazendo outros tantos do mercado.

A empresa não parava de crescer: dobrou seu tamanho em quatro anos, e aumento de receita – definitivamente – não era um problema. Mas estamos falando de uma empresa de vanguarda, que se reinventa e melhora continuamente, e, também por isso, antes que

[33] *Go Horse* é uma forma irônica de lidar com um problema que chamamos de "gambiarra", algo que deve ser evitado, ou seja, é uma crítica satirizada do mau uso de metodologias usadas como solução.

precisássemos nos perguntar se poderíamos fazer mais com menos, nos adiantamos e começamos a buscar por essa resposta.

Conclusão: tudo vai muito bem, mas... somos eficientes? Sabemos tirar o máximo proveito do bom momento que estamos vivendo?

9.2. A busca pela métrica mais adequada ao nosso contexto

Foi importante no primeiro passo entendermos aonde queríamos chegar e quais dores queríamos resolver, isso tornaria nossa jornada mais objetiva. Seguem as principais dores identificadas.

9.2.1 Ausência de métricas de eficiência e previsibilidade, bem como falta de conexão com a visão de portfólio e OKRs

Com base nos diagnósticos do time de agilidade dentro das *value streams* (VS) e dos *chapters* (CH), identificamos que os times não possuíam acesso às métricas de eficiência, impossibilitando a visão de previsibilidade e a melhoria contínua baseada em dados.

A ausência de conexão com a visão de portfólio e OKRs também impedia compreender como estratégia, coordenação e operação evoluíam em conjunto.

- Visão limitada das melhorias contínuas de fluxo e eficiência.
- Falta de previsibilidade nas entregas.
- Times não possuem visão de gargalos com base em números, impedindo melhorias efetivas.
- Sem conexão entre estratégia, coordenação e operação.

9.2.2 Dores reportadas pelos próprios times que impactavam o dia a dia e a capacidade de melhoria contínua com base em dados

- Faltava uma cultura orientada a dados e métricas.
- As ferramentas de fluxo anteriores abrangiam somente os times de tecnologia.
- Não havia ferramenta padrão para extração e consulta de métricas.
- Muitas informações e dados estavam fragmentados em diferentes ferramentas, como os OKRs, por exemplo.
- Times não possuíam insumos para acompanhar evoluções de seus processos e propor melhorias.
- Mesmo com as visões existentes de métricas, a perspectiva era limitada aos times.
- A ausência de uma visão de portfólio conectada ao que era desenvolvido pelos times impedia a visualização da execução da estratégia.
- A falta de previsibilidade influenciava negativamente a gestão de expectativas com os *stakeholders*.

9.2.3 Limitações das ferramentas utilizadas, evidenciando oportunidade para orquestração e ações em escala

- Alguns times tentavam suprir os gargalos com confecções próprias, por meio de planilhas ou *dashboards*.
- As métricas básicas na ferramenta anterior possuíam visão apenas do time e com vieses de interpretação nativos da ferramenta, ocasionando distorções.
- Frentes independentes ocorriam em paralelo, sem o envolvimento de todos os times.

9.2.4 Problemas de desperdícios, visibilidade e eficácia

- Falta de gestão e de visibilidade dos gargalos e dependências entre times/áreas impedia evoluções de eficiência, priorizações e até investimentos.
- Não havia visibilidade sistêmica e senso de pertencimento à estratégia.
- "Quando fica pronto?" Como responder a essa pergunta? Não havia previsibilidade baseada em dados históricos e estatísticos; em vez disso tínhamos estimativas com alto custo de coordenação e ineficazes.
- Faltava integração entre ferramentas para gestão sistêmica entre os diferentes níveis hierárquicos:

    - Nível estratégico – Faltavam visibilidade e acompanhamento em **nível de Diretorias, *Value Streams* e *Chapters*** sobre o desdobramento de portfólio estratégico, *roadmaps*, dependências entre iniciativas, métricas de eficiência, engenharia e qualidade (DORA).
    - Nível tático – Faltavam visibilidade e acompanhamento em **nível de gerências e produtos** sobre *roadmaps*, dependências entre épicos, métricas de eficiência, engenharia e qualidade (DORA), ferramentas de visualização dos indicadores como gráficos e *dashboards*: *lead time*, *cycle time*, *throughput*, WIP, CFD, eficiência de fluxo etc.
    - Nível Operacional – Visibilidade e acompanhamento em **nível de *squads***, *roadmaps*, bloqueios, métricas de eficiência, filas de espera, engenharia e qualidade (DORA), ferramentas em nível de times para visualização dos indicadores como gráficos e *dashboards*: *lead time*, *cycle time*, *throughput*, WIP, CFD, eficiência de fluxo etc.

Com a conclusão dos estudos, optamos por seguir pelo caminho da eficiência de fluxo, a partir de métricas de *cycle time*, *lead time*, *throughput* e eficiência de fluxos, todas elas nativas na ferramenta Businessmap – e com isso chegamos à conclusão de qual dor as métricas nos ajudariam a resolver e qual caminho optamos por seguir:

Solução transversal de métricas e ferramentas de eficiência:

"Conjunto de ferramentas, pessoas e processos mínimos, com a missão de elevar nossa maturidade organizacional, com base em portfólio, métricas escaláveis e previsibilidade."

9.3. Como se deu o processo de implantação e acompanhamento

Imediatamente nos veio em mente a questão: é possível confiar nas métricas que a ferramenta nos dará, mesmo sem procedimentos padrões estabelecidos? Obviamente, a resposta foi um robusto NÃO!

Tivemos que nos voltar para dentro do nosso time de agilidade: crescemos de oito para 30 pessoas em pouco mais de 1 ano e meio, trouxemos grandes talentos do mercado, porém, com crenças, experiências e expectativas diferentes, percebemos a necessidade de nos organizarmos em torno de uma estratégia clara e com resultados metrificáveis. Nosso impacto nas entregas e nos resultados na VP de tecnologia precisava sair dos bastidores e deixar de ser um trabalho oculto; nossa estratégia deveria nos posicionar como agentes de transformação e agilistas estrategistas.

9.3.1 Operacionalizando nossa estratégia

As lideranças de agilidade (na época, diretor, gerente e três coordenadores) se reuniram para fazer um *deep dive* nas ações propostas pelo time e traçar planos para o futuro. Onde estamos? Quais nossas forças e fraquezas? Temos um direcional claro?

Depois, reunimos todo o time de agilidade presencialmente (moramos em praticamente todas as regiões do Brasil), buscando engajamento e coesão sobre o que gostaríamos de executar. A liderança trouxe os direcionais, mas permitiu uma forte cocriação do modelo operacional, criando comitês de trabalho separados por temas. Todo o time participou e teve oportunidade de trazer suas ideias, sugestões e críticas.

Aproveitamos o *rollout* da nova ferramenta de gestão de fluxo como pano de fundo e definimos nosso modelo operacional e o que iríamos atacar primeiro: **eficiência dos fluxos de entregas.**

Criamos um pacote de medidas que incluíam políticas explícitas claras, fluxos mínimos de entregas que nos permitissem iniciar a metrificação de eficiência, fluxos unificados, governança e administração da ferramenta de fluxo. Criamos nossa dinâmica de abordagem de maturidade organizacional a partir da identificação e do acompanhamento de serviços oferecidos pelas VS/CH. A implantação da ferramenta de fluxo também possibilitou a criação de fluxos automatizados entre N1 e N3 em diferentes ferramentas e também a visibilidade em todos os níveis (estratégico, tático e operacional), desde OKRs até *features*.

Seguimos algumas premissas: nada de engessar nosso modelo de atuação com *frameworks* e métodos *by the book*. Avaliamos muitos deles e os adaptamos para o nosso contexto. Basicamente trabalhamos com o método *Kanban* (adaptado também para times que utilizam o *framework Scrum*) e seguimos o KMM (*Kanban Maturity Model*), também adaptados para uma dinâmica exclusiva da empresa.

Aos acordos definidos chamamos **POLÍTICAS MÍNIMAS**, que incluem domínio de tipos de entregas (*cards*), sugestão de fluxos mínimos, pontos de comprometimentos e configuração dos *boards* nas ferramentas. Nós nos esforçamos para que cada time continuasse com autonomia para criar fluxos mais complexos de acordo com suas necessidades, mas conseguiríamos minimamente estabelecer um padrão que nos possibilitasse responder à pergunta: "o quanto somos eficientes?". As principais ações conceituadas e implementadas são mostradas a seguir.

9.3.1.1. Governança transversal dos tipos de item para habilitar a escala do nosso modelo de trabalho

O entendimento comum dos tipos de itens de trabalho facilita a extração e visualização de métricas e apoia a visão de previsibilidade de entregas e a capacidade de times e estruturas.

Figura 9.1. Itens de trabalho. Fonte: a autora.

Na perspectiva de um time, tal alinhamento diminui o foco em tarefas individuais, melhora a colaboração, contribui para identificação de prioridades e permite a visualização de trabalho relacionado à entrega de valor separadamente das atividades rotineiras. Sendo assim, ao criar um *card*, sempre deve-se selecionar o tipo de item sobre o qual ele trata. Isso viabiliza uma gestão de fluxo otimizada, além de facilitar a organização de uma equipe.

9.3.1.2. Adesivos (nativos da ferramenta) para apoiar na visualização das mensagens entre membros da equipe

Adesivos são representações visuais para indicar possíveis alertas ou viabilizar comunicação assíncrona dentro do fluxo de trabalho do time. Eles podem ser utilizados em diversos cenários, desde a comunicação de riscos, como também para indicar itens resolvidos, a necessidade de revisão de algum item ou até mesmo a comunicação da necessidade de recursos para a resolução de alguma atividade.

Como exemplo, uma imagem representada pelo símbolo de um cifrão dentro de um círculo vermelho indicará ao time que os recursos dedicados àquela atividade possivelmente serão insuficientes para a sequência do cartão.

Vale ressaltar que disponibilizamos a criação de adesivos de forma customizável, de acordo com a necessidade dos times na comunicação visual.

Lembrando que o uso dos adesivos, apesar de ocasionar uma notificação, é apenas um recurso visual, não afetando as métricas ou os relatórios do time durante o seu uso.

9.3.1.3. Criação de domínio de bloqueadores

Bloqueadores são representações visuais para indicar impedimentos de prosseguir ou fazer o trabalho, podendo ter diversos motivos.

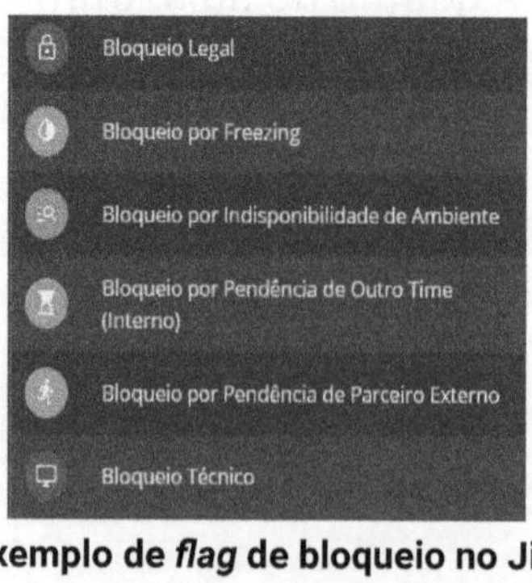

Figura 9.2. Exemplo de *flag* de bloqueio no Jira. Fonte: a autora.

O uso dos tipos de bloqueio permite identificar possíveis pontos de evolução (decorrentes de impedimentos recorrentes ou pontuais), além possibilitar a extração e visualização de métricas associadas.

Quando um item é bloqueado, não devemos esquecê-lo, pelo contrário: devemos buscar desbloqueá-lo o mais breve possível. Para isso, precisamos buscar colaborar com os times envolvidos e/ou tomar ações para sanar a questão imediatamente.

9.3.1.4. Fluxo mínimo de trabalho

Não criamos um *framework* prescritivo e valorizamos a maior autonomia possível dos times na nossa jornada de evolução. Para que essa autonomia seja orientada e a escala seja viável, foram definidos *workflows* (em português, fluxos de trabalho) mínimos que representam o básico do que deve estar contido em um fluxo de trabalho, ou seja, caso uma equipe deseje incrementar colunas e políticas, é possível, mas é **obrigatório utilizar pelo menos a base apresentada**. Os modelos disponíveis podem ser **replicados em diferentes contextos**, já que aplicam as **melhores práticas de gerenciamento de fluxo** e ajudam a **potencializar o uso da ferramenta de gestão do fluxo** pelos nossos times. Os times devem entender seus processos, buscando adaptar esses modelos às suas necessidades.

Criamos três modelos: **PBI** (*Product Backlog Item*) são os nossos entregáveis, que contempla os itens de trabalho histórias, débitos técnicos, incidentes, dentre outros; outro oferece uma visão mais estratégica, trazendo **objetivos, KRs e iniciativas**, e ainda um tático que mostra os **épicos** subordinados às iniciativas de OKRs ou BAU (*business as usual*, ou seja, a operação dos times).

Workflow mínimo – itens de trabalho

Detalha *workflows* básicos de dois ou três níveis (caso se utilizem *subtasks*) para itens de trabalho. **Dentro de cada nível só devem correr os tipos de cartão a seguir explicitados**:

- Nível 2 – *Epics*
- Nível 1 – PBIs (*Product Backlog Item* – são os tipos *story, technical story, tasks, bugs, spikes, technical debt, kaizen, rework* e *support*. São itens usados para gerenciar o trabalho do dia a dia.)
- Nível 0 – *Subtask*.

Workflow mínimo – visão estratégica

Detalha um fluxo que contém os itens: **iniciativas, KRs táticos e objetivos táticos.**

É aconselhado um quadro que permita vincular outros fluxos (inclusive de outros quadros) na mesma visualização. Neste caso, faria sentido vincular fluxos de épicos de um conjunto de *squads* que estão relacionados a um conjunto de iniciativas e OKRs táticos. Dessa forma, é possível ter em um único *board* a **visualização da estratégia e seu desdobramento.**

Dentro de cada nível só devem correr os tipos de cartão a seguir explicitados:

- **Nível 03 – Iniciativas:** são itens de alto nível (frentes/temas a serem trabalhados) com objetivo de longo prazo e que impactam os OKRs. São compostos por épicos que possuem objetivos comuns.
- **Nível 04 – KRs Táticos:** são indicadores-chave que representam a estratégia.
- **Nível 05 –** Objetivos táticos.

Dentro das VS e CH de tecnologia, a estratégia de agilidade está focada em escalar as **políticas mínimas** para 100% dos times. Nosso time passou a atuar com agilistas dedicados, e a expectativa é alavancar ainda mais nossos resultados posicionando a empresa como referência de *business agility* no Brasil (e no mundo!).

Também teremos foco em tomada de decisão *data driven*, conectando informações sobre resultados de eficiência, eficácia e custos dos produtos digitais.

9.4. Resultados alcançados

9.4.1 Intangíveis

Além da atuação em VS e CH, o time de agilidade também teve grande atuação em algumas frentes *cross*:

- Estruturação e facilitação de *workshops* para disseminação da estratégia, conexão entre eficiência e eficácia, como engajar e promover a alavancagem dos resultados. Esses *workshops* são importantes ferramentas para reunir as pessoas, já que nosso modelo de trabalho é prioritariamente remoto. Rodamos em 2023 mais de 60 *workshops* e eventos de *team building.*
- Com o *rollout* da ferramenta Kanbanize da Businessmap, impactamos 3.000 usuários que utilizavam outras ferramentas, fortalecendo a comunicação entre áreas, mapeamento de dependências, gestão clara de portfólio e missões (OKR estratégico e tático, onde todos passaram a compreender as expectativas de impacto e os motivos de priorização das iniciativas, e onde a atuação de cada um iria alavancar os resultados dos objetivos do grupo). Desidratamos outras ferramentas e conseguimos uma economia financeira importante com a unificação da ferramenta.
- Criamos programas de desenvolvimento do time de agilidade e dos times de tecnologia, levando conhecimento sobre práticas

de melhoria contínua, métodos e *frameworks*, fazendo com que as pessoas conheçam e experimentem a cultura ágil no trabalho diário.

9.4.2 Tangíveis e metrificáveis

E nas VS/CH conseguimos resultados expressivos:

- Redução de até 600% no tempo de resolução de *bugs*.
- Aumento de até 90% do CSAT (*Customer Satisfaction Score*).
- Atingimos em algumas VS aumento superior a 100% na vazão de itens entregues (*throughput*).
- Tivemos também redução média de 25% no tempo de entrega, com impacto mais frequente nos clientes, acelerando o *feedback* e possibilitando melhor priorização das iniciativas, fortalecendo o círculo virtuoso de entrega de valor e melhoria contínua.
- Melhoramos em média 22% a efetividade em times que trabalham com *Sprints*.

9.5. Aprendizados

A evolução para atender a demandas cada vez mais complexas vem sendo acompanhada pela crescente relevância tecnológica em nosso modelo de negócio. Aprendemos que conectar tecnologia ao *core* da estratégia nos apoiará na construção de uma *LoveTech* de beleza para o mundo.

Identificamos alguns pontos que foram essenciais para o nosso sucesso:

- Desenvolvimento proprietário das soluções *core* em todos os canais.

- Escalada das nossas iniciativas acelerando a captura de valor.
- Descentralização de tecnologia dando velocidade e autonomia aos times.
- Segurança, arquitetura e infra integradas ao processo de desenvolvimento.
- Soluções com foco em perenidade, reúso e evolução constante.
- Automatização de jornadas operacionais dos times (ex.: "Alquimia" – plataforma de *devs* onde novos projetos são criados em minutos com todos os ambientes de *dev/stage/prod*, com documentação padronizada, governança de times, bibliotecas atualizadas e dependências mapeadas entre sistemas).
- Criação de um site para incentivar o autoatendimento em relação a dúvidas sobre os conceitos e ferramentas, o que possibilitou escalarmos mais rápido para todas as diretorias da vice-presidência.

9.6. Inovações

Criamos um mecanismo único de Abordagem de Maturidade Organizacional (A.M.O.), baseado no KMM da *Kanban University*, seguido de aplicações de IM (*Improvement Mapping*) com conceitos aprendidos em treinamentos do Manoel Pimentel pela Software Zen.

Fizemos também adaptação e automação de radares de níveis de maturidade a partir dos mecanismos de abordagem aos serviços/produtos.

Outra iniciativa inovadora foi em relação às métricas trazidas com a adoção da ferramenta Businessmap, com métricas automatizadas, sustentação entre N1/N2/N3 com fluxo automatizado entre ServiceNow e Businessmap, gestão de OKR e portfólio de iniciativas, visões que antes os times não tinham, aumentando o nível de engajamento e o senso de dono das pessoas.

9.7. Efeitos colaterais

E qual reação percebemos? Tanto no nosso time de agilidade como em todos da VP de Tecnologia, tivemos os que nos acompanharam desde o primeiro momento: foram nossos *early adopters* do A.M.O. (Abordagem de Maturidade Organizacional, nossa dinâmica de diagnósticos e planos de ação) e iniciaram a aplicação de imediato. Tivemos também os que precisaram de treinamento e acompanhamento mais próximo da liderança e, sim, tivemos os que demoraram um tempo maior para entender aonde queríamos chegar, mas que depois perceberam os benefícios gerados e adotaram a estratégia no dia a dia.

9.8. O que vem pela frente – Ecossistema digital

Queremos posicionar cada vez mais a tecnologia como estruturação e estratégia do nosso negócio, trabalhando no modelo *go-to-market* de produtos digitais.

Já caminhamos bastante, estamos muito além de quando iniciamos nossa jornada, mas ainda queremos ir muito, muito mais longe.

Não faz parte do escopo deste *case*, mas é relevante comentar que iniciamos em 2023 a primeira atuação do time de agilidade fora da vice-presidência de tecnologia e expandimos para a vice-presidência de Gente (RH), um setor onde o trabalho começou do zero e estamos tendo uma oportunidade única de iniciar a evangelização e o aculturamento em um área com quase 400 pessoas que nunca tinham tido contato com práticas ágeis. Mas isso é assunto para um outro *case* (*rs*).

9.9. Sobre a autora

Meu nome é Cíntia Guberovic e atuo como gerente de agilidade.

Tenho longa carreira desenvolvida em tecnologia, como engenheira de software, e há 11 anos migrei para a área da agilidade, onde atuei como *Scrum Master, Agile Master, Agile Coach, Agile Coordinator* e *Agile Manager*.

Sou KCP pela *Kanban University* e certificada em gestão pela Harvard Business e Estratégias de Negociação pela Michigan University.

Amo viajar, cantar e estar perto do mar.

Espero ter ajudado na jornada do leitor neste projeto sensacional.

9.9.1 Meu papel na aplicação do *case*

Agile Manager

10. YSA Framework: cultura de alinhamento estratégico focado em dados na primeira *insurtech* do Brasil

Ric Neves[34]

Período de acompanhamento:	01/2021 a 06/2022
Segmento da empresa:	Insurtech
Quantidade de colaboradores:	Sete colaboradores *Agile Coaches* para 250 funcionários

10.1. Cenário inicial

Em 2021 começamos uma aventura que colocaria nossa empresa de ponta-cabeça. A primeira *insurtech* do Brasil estava crescendo rápido e precisávamos mudar para manter o ritmo. Essa história é sobre como nossa equipe, liderada por mim, Ricardo Neves (Ric),

34 <https://www.linkedin.com/in/rnevesbraga/>.

e formada por Francisco Marcelo (Chicó), Eduardo Davillis (Edu), Maurício Milani (Mau), Alga Lui (Alga), Rafael Akira (Akira) e Samuel Ribeiro (Samuka), encarou o desafio de levar agilidade para o nosso jeito de trabalhar.

10.2. O grande desafio

Nossa missão não era fácil. Como pioneiros, estávamos criando um caminho novo em um setor bem tradicional. O principal problema era como crescer sem perder nossa essência de inovação e rapidez. À medida que crescíamos, tudo ficava mais complexo e lento. Precisávamos agir para não nos perdermos na burocracia e garantirmos que a inovação continuasse no centro de tudo que fazíamos.

10.2.1 Montando a equipe

Para enfrentar esse desafio, montamos um time só de craques em agilidade. Eu, como líder, trouxe minha experiência e dedicação total. Edu era o estrategista, sempre dois passos à frente. Chicó era o mestre das metodologias ágeis, pronto para resolver qualquer enigma técnico. Mau trazia energia e sabia como manter todo mundo motivado. Alga era especialista em cultura ágil, garantindo que trabalhássemos juntos da melhor forma. Akira tinha olhos para detalhes e uma habilidade incrível para simplificar as coisas. E Samuka sabia como fazer as coisas acontecerem, transformando planos em ação.

10.2.2 O começo da jornada

Esta jornada não foi apenas sobre mudar processos, mas sobre mudar a maneira como pensávamos e trabalhávamos. Queríamos que a agilidade fosse mais do que palavras bonitas; queríamos que fosse a base da nossa cultura. Isso significava criar um ambiente onde errar faz parte do aprendizado e onde todos, dos desenvolvedores aos líderes, colaborassem sem barreiras.

Era um caminho cheio de obstáculos, mas estávamos determinados. Nosso objetivo era mostrar que é possível ser uma *insurtech* inovadora no Brasil, mantendo a agilidade, mesmo em rápido crescimento. Queríamos ser um exemplo não só para nossa equipe, mas para todo o setor. Esta é a história de como não apenas sonhamos, mas fizemos essa mudança acontecer.

Nosso propósito era claro: tornar a agilidade parte do DNA e da cultura da empresa, um objetivo ambicioso que exigiria mais do que apenas mudanças processuais; exigiria uma transformação no coração e na mente de cada membro da equipe.

10.3. Ato 1: desafios iniciais

No despertar de 2021, a nossa jornada rumo à transformação ágil foi saudada por uma série de obstáculos que testariam nossa determinação desde o início. O ano começou com um alerta claro: avaliações feitas por parceiros externos lançaram luz sobre diversas falhas em nossos processos, práticas e abordagens. Essas avaliações não eram apenas um sinal de que precisávamos mudar; elas delineavam uma montanha de desafios que teríamos que escalar.

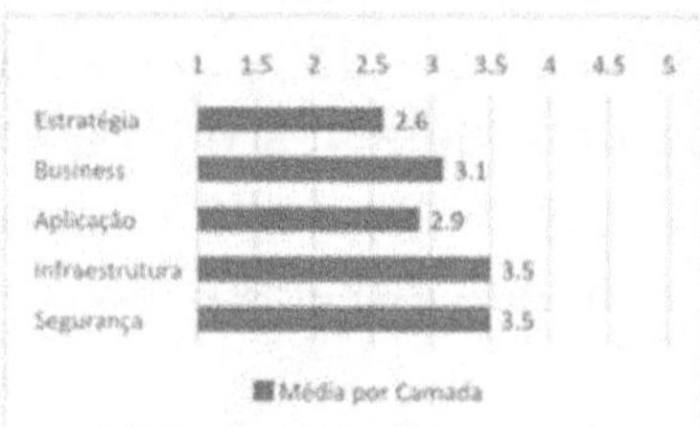

Rating	Label
1	Critical
2	Unsatisfactory
3	Marginally satisfactory
4	Satisfactory
5	Proficient

Figura 10.1. Avaliações de parceiros externos. Fonte: o autor.

10.3.1 Identificação dos problemas

Os problemas identificados eram variados e complexos, abrangendo desde a eficiência operacional até a cultura organizacional. Eles iam desde a lentidão nas entregas e a dificuldade em responder rapidamente às mudanças do mercado, até uma comunicação interna fragmentada que impedia a colaboração efetiva entre as equipes. Ficou claro que não estávamos tão ágeis quanto precisávamos para sustentar nosso crescimento.

Os resultados a seguir são resumidos para fornecer ao corpo diretivo uma visão consolidada sobre toda a empresa.

Forças	Fraquezas
- Ações táticas - Espírito colaborativo - Cultura digital - Organização com poucos níveis hierárquicos - Utilização de *machine learning* - Arquitetura de solução moderna - Fortes conhecimentos técnicos em TI - Infraestrutura moderna - Solução de *issues* de segurança estão em andamento	- Ausência de princípios estratégicos - Ausência de *gaps* estratégicos e gerenciamento de performance (KPIs) - Equilíbrio da pirâmide organizacional e alto *turnover* - Alto nível de dependência de pessoas - Baixo nível de senioridade no time de PM (*Product Manager*) - Ausência de *ownership* - Ausência de soluções configuráveis - Uso inapropriado de testes de hipóteses - Inabilidade para aumentar a escala - Ausência de políticas de segurança e inventário de TI - Ausência de governança de TI
Oportunidades	**Ameaças**
- Revisão da estratégia e comunicação - Aumentar a diversidade de produtos e canais - Investir em novas parcerias - Aumentar o *time-to-market* - Desenvolver princípios de mutualização	- Perda de competitividade - Aumento do custo e preço do produto - Aumento do custo de manutenção - *Issues* de segurança

Pontos-chave de atenção:
Os pontos-chave a seguir foram agrupados a fim de fornecerem uma visão abrangente dos itens a serem considerados em uma revisão de estratégia geral, conforme seguem:

Estratégia	Gestão	Arquitetura
Missão, visão e valores	Ownership	Framework de seguros
Propósito	Metodologia	Soluções configuráveis
Planejamento	KPIs	Utilização de soluções de mercado prontas
Comunicação	Controles	
Balanceamento da senioridade do time	Portfólio e *backlog* de iniciativas	
Mutualização e sinergias		

Figura 10.2. Matriz SWOT e pontos-chave de atenção. Fonte: o autor.

10.3.2 Compreensão profunda

Reconhecemos que uma compreensão superficial dos problemas não seria suficiente para uma transformação verdadeira. Portanto, mergulhamos fundo na análise dessas avaliações, buscando entender não apenas as manifestações desses problemas, mas suas raízes. Isso envolveu muitas sessões de *brainstorming*, entrevistas com membros da equipe e *workshops* com *stakeholders*. O objetivo era criar uma visão clara do que estava nos segurando e por quê.

10.3.3 Estratégia para o caminho à frente

Armados com um entendimento profundo dos desafios, começamos a esboçar um plano de ação estratégico. Esse plano tinha vários componentes críticos: primeiro, precisávamos endereçar questões de comunicação e colaboração, garantindo que todos na organização estivessem alinhados e trabalhassem juntos de forma mais eficaz. Além disso, era crucial revisitar nossas práticas de trabalho e estruturas de equipe para promover maior agilidade e responsividade.

10.3.4 Ação estratégica

Definimos metas claras para cada área de melhoria identificada, com indicadores-chave de desempenho (KPIs) para medir nosso progresso. Iniciativas específicas foram planejadas, desde a implementação de ferramentas de gestão ágil até programas de treinamento em comunicação e liderança ágil para todos os níveis da organização. Compreendemos que essa transformação não aconteceria da noite para o dia; portanto, nosso plano incluía etapas de curto, médio e longo prazo, permitindo ajustes conforme avançávamos.

10.3.5 Enfrentando os desafios

Com o plano em mãos, estávamos prontos para enfrentar os desafios. Sabíamos que o caminho seria árduo, mas estávamos comprometidos em tornar nossa organização mais ágil, adaptável e pronta para não apenas enfrentar o futuro, mas moldá-lo. Este era o começo de nossa verdadeira jornada de transformação, uma que nos levaria a redescobrir e reinventar a essência do que significa ser uma *insurtech* pioneira no Brasil.

10.4. Ato 2: estratégia de intervenção

Criamos nosso Manifesto Ágil, que serviu como nossa bússola, priorizando indivíduos e interações, resposta às mudanças, autonomia com alinhamento e uma série de outros valores que nos guiaram.

10.4.1 Primeiros passos e reestruturação

Focamos inicialmente em auxiliar a equipe de *billing* (o principal ofensor da empresa), que estava sobrecarregada de problemas em produção desde julho de 2020, a reduzir o *backlog* de sustentação a quase zero. Esse período também foi marcado por perdas e desafios. Contudo, com resiliência e determinação, continuamos a avançar, apoiados pela confiança de nosso CEO.

- Cenário atual: julho 2020 – 27.729 dias de *lead time* de sustentação com um *backlog* de mais de 200 itens de sustentação.
- Redução em março de 2021 para um *lead time* de 194 dias de sustentação.

O *lead time* conta desde o momento em que o *card* é registrado no *backlog* até quando ele é entregue e finalizado.

- Taxa de vazão de 175 *cards* de sustentação no mês de julho 2020.
- Redução para 60 *cards* em março de 2021.

10.4.2 Olhar sistêmico e foco em resolver as causas-raízes

Conforme visto, o trabalho de redução vem sendo feito desde agosto de 2020. Em Q1/2021 atacamos os principais ofensores através de um mapeamento feito com o que mais dava problema em produção.

Após aplicar mecanismos estressores, fazendo com que as equipes focassem nas correções das causas-raízes dos maiores problemas, tivemos os seguintes resultados:

- Junho de 2020 – 87,08% do tempo focado em sustentação (carga de falha)
- Março de 2021 – 37,18% do tempo focado em sustentação (carga de falha).

Redução de mais de 100% do tempo em sustentações, criando um equilíbrio no sistema.

10.4.3 Conclusão: conquistas e melhorias

Ao longo do ano, alcançamos melhorias significativas nos processos de *Billing*, *Guidewire*, e *Policy Sync*, reduzindo o *lead time* de sustentação e aumentando a vazão de entregas. Cada melhoria era um passo em direção à nossa visão de agilidade organizacional.

10.5. Ato 3: a criação do YACE

A criação do *Youse Agile Center of Excellence* (YACE) foi um ponto de virada na nossa odisseia em direção à excelência operacional. Este centro não foi apenas uma nova estrutura dentro da organização, mas um símbolo vivo de nosso compromisso inabalável com a agilidade como filosofia central e prática diária. O YACE representava nossa resposta aos desafios que enfrentávamos em um mercado em constante evolução e a nossa determinação em liderar pelo exemplo.

10.5.1 Missão e visão do YACE

A missão do YACE era clara desde o início: incutir a agilidade no cerne de cada processo, decisão e iniciativa. Visávamos transformar a maneira como trabalhávamos, passando de métodos tradicionais para uma abordagem que valorizasse a flexibilidade, a colaboração e a adaptabilidade. A visão era audaciosa – tornar a agilidade parte indissociável da Youse, não apenas nas equipes de desenvolvimento, mas em todas as áreas da empresa.

10.5.2 Estratégias e implementações

Para atingir esse objetivo, o YACE adotou uma abordagem multifacetada. Primeiro, focamos na otimização dos fluxos de valor, mapeando e redesenhando processos para eliminar desperdícios e maximizar a eficiência. Essa revisão contínua dos processos garantiu que pudéssemos responder com velocidade e precisão às necessidades dos clientes e às mudanças do mercado.

Além disso, implementamos programas de treinamento e desenvolvimento abrangentes, destinados a cultivar uma mentalidade ágil em todos os níveis da organização. Esses programas não se limitavam a ensinar as metodologias ágeis, mas também enfatizavam a importância da liderança servidora, da autonomia das equipes e da cultura de *feedback* contínuo.

10.5.3 Cultura e colaboração

A criação do YACE também reforçou a importância da cultura de colaboração. Promovemos espaços abertos para troca de ideias, experimentação e aprendizado compartilhado. Incentivamos as equipes a romper silos, trabalhando de forma transversal para alcançar objetivos comuns. Essa ênfase na colaboração não apenas acelerou a inovação, mas também fortaleceu os laços dentro da equipe, criando um ambiente de trabalho mais coeso e engajado.

10.5.4 Respondendo às mudanças do mercado

Com o YACE, estabelecemos um novo padrão de agilidade que nos permitia antecipar e responder rapidamente às mudanças do mercado. Nosso centro de excelência em agilidade tornou-se um catalisador para a inovação, permitindo-nos identificar oportunidades e ajustar nossas estratégias com agilidade. Isso não apenas melhorou nossa competitividade, mas também aumentou nossa resiliência diante de desafios e incertezas.

10.5.5 Conclusão

A criação do YACE foi fundamental na nossa jornada ágil, marcando o início de uma era de transformação contínua. Com o centro, não só elevamos nossos padrões de trabalho ágil, como também nos comprometemos a ser líderes e pioneiros em agilidade organizacional.

Figura 10.3. YACE (*Youse Agiler Center of Excellence*). Fonte: o autor.

10.6. Ato 4: rumo à agilidade organizacional

Após a criação do YACE, tínhamos o maior dos problemas para resolver, que era fazer com o que as pessoas construíssem esse caminho juntas, ou seja, que elas estivessem engajadas e realmente que fizessem parte da construção dessa nova estratégia.

A Youse, quando era uma *startup* pequena, havia trabalhado com OKRs como forma de alinhamento e gestão estratégica, tendo criado um modelo inovador no mercado. Ao longo do tempo a empresa foi crescendo, deixou de ser uma *startup* e virou um *insurtech* renomada no mercado. Nesse meio tempo, a empresa estava trabalhando apenas com KPIs estratégicos, e essa cultura de alinhamento estratégico foi ficando enfraquecida, tendo apenas metas de controle sem objetivos e sem um alinhamento de fato estratégico.

Foi então que colocamos a mão na massa: não queríamos simplesmente pegar os OKRs e colocar a metodologia para as pessoas. Queríamos muito mais...

- Ter agilidade em toda a organização.
- Algo simples, mas também desafiador.
- Dar clareza ao que é prioridade para todos os níveis da empresa.
- Gerar transparência e foco.
- Fomentar melhoria contínua e auto-organização.
- Ter ciclos curtos de *feedback* e inspeção de resultados.

Foi aí que criamos o *framework* chamado YSA (*Youse Strategic Alignment*), que nascia com o seguinte propósito:

Unir estratégia, tático e operação nos mesmos objetivos para alavancar melhorias para clientes, colaboradores, mercado, sociedade, meio ambiente e toda a empresa.

Bom, aí veio o grande desafio: como conectar todos os pontos?

Primeiro fizemos toda uma revisão da estratégia da empresa e criamos uma *flywheel* que representava quais movimentos queríamos fazer como visão estratégica de futuro. Dentro dessa *flywheel* colocamos quatro pilares que sustentam nossa visão estratégica e que vamos dar como foco a longo prazo.

Além disso, criamos um objetivo a longo prazo que nos dá o norte e a missão da empresa para todos os colaboradores, o que facilita muito.

Com base nisso, desenhamos nosso *framework* em cima do CONTEXTO e criamos os seguintes elementos:

- **Guia:** dá a visão, o porquê de existirmos e o que queremos impactar. É o nosso propósito.
- **Pilares Estratégicos & *OKR Limit*:** sustentam o processo e garantem o foco e a melhoria contínua. Limitam a quantidade de OKRs para sermos sustentáveis e equilibrados.
- **Base:** constituído pelo plano de negócios e as áreas da empresa

que contribuem através de OKRs e KPIs para o sucesso da estratégia.

- **Guardiões:** são os responsáveis por acompanhar de perto o(s) objetivo(s) e seus KRs e KPIs e por apoiar o alcance dos objetivos quando necessário, mas não são responsáveis pelo seu sucesso.
- **Design:** time encarregado por trazer a perspectiva do cliente com base em pesquisas com dados e fatos, fazendo com que o foco no cliente como estratégia não seja desvirtuado.

Bom, agora que você chegou até aqui, você deve estar se perguntando: mas e os resultados? Vocês atingiram o que esperavam?

Sim: antes de desenhar o YSA fizemos uma pesquisa com todos os funcionários, e quase 85% diziam que não entendiam qual era a estratégia, que era confusa, que não construíam juntos a estratégia e que não se sentiam engajados.

Não existia um alinhamento *top down – bottom up*.

Depois de dois *quarters* adaptando essas novas práticas e coletando o *feedback* dos funcionários, tivemos como números:

- 98% dos funcionários sabem e dizem que está clara qual a estratégia da empresa.
- 98% dos funcionários dizem que entendem os pilares estratégicos e têm clareza do que cada um significa.
- 97% se sentem engajados e acreditam que estão contribuindo com a estratégia da empresa e que ela faz total sentido.

Além de tudo isso, conseguimos focar no que realmente importa: estamos com um olhar mais forte para o cliente e aos poucos melhorando a proposta de valor que oferecemos.

Vou dizer que a YSA resolveu ou resolve todos os nossos problemas? Não, jamais.

Ela foi apenas a sustentação, a forma de comunicar, alinhar e gerenciar nossa estratégia, pois na verdade a grande bala de prata são as pessoas e a cultura que está sendo criada. São elas que fazem toda essa roda girar e melhorar cada vez mais, aprendendo dia após dia.

A agilidade nos negócios começa a aflorar e ganhar forma. Aos poucos a empresa foi elevando sua maturidade em criar produtos mais robustos e ter uma saúde financeira melhor e começou a se autossustentar e entregar diferenciais para os clientes com qualidade.

A YSA foi apenas mais um grande avanço para a Youse, que fortalece cada vez mais os pilares de **colaboração, adaptação, eficácia e ciclos curtos de *feedback***.

Ela é apenas uma das práticas emergentes que criamos para resolver problemas, evoluir e ter agilidade organizacional e nos negócios.

A seguir, link do Miro com todas as evidências do *case*:

<https://miro.com/app/board/uXjVMpoKrq0=/?share_link_id=281919777336>

10.7. Ato final: agradecimento

À medida que refletimos sobre a jornada transformadora trilhada pela Youse, é impossível não sentir uma profunda gratidão por cada indivíduo que contribuiu para o sucesso do *Youse Strategic Alignment* (YSA).

Gostaria de expressar meu sincero agradecimento a todos os membros da equipe Youse, desde a liderança visionária e os *Agile Coaches* dedicados até cada colaborador que abraçou os princípios do YSA com entusiasmo e comprometimento. Cada um de vocês foi essencial para transformar a Youse em um exemplo de inovação, agilidade e excelência no setor de seguros.

Agradeço também aos nossos clientes, parceiros e a toda a comunidade que nos apoiou e acreditou em nossa capacidade de redefinir o que significa ser ágil e inovador em um mercado tão competitivo e tradicional. O apoio e o *feedback* contínuos foram fundamentais para o nosso sucesso e para a evolução da Youse.

Esse reconhecimento estende-se a cada equipe e indivíduo que, dia após dia, escolheu enfrentar desafios com coragem, buscar melhorias contínuas e inovar sem medo. Vocês são os verdadeiros heróis dessa história, demonstrando que, quando trabalhamos juntos com um propósito claro e comprometido, não há limites para o que podemos alcançar.

À medida que fomos avançando, levamos conosco as lições aprendidas, as conquistas celebradas e a certeza de que o melhor ainda está por vir.

Não estou mais na Youse, mas tenho meu carinho pelas pessoas e pela empresa que me permitiu sonhar grande, desafiar o *status quo* e pavimentar o caminho para um futuro ainda mais brilhante.

Muito obrigado a todos que fizeram parte dessa jornada transformadora. Juntos, redefinimos o possível e estabelecemos novos padrões de excelência.

10.8. Sobre o autor

Meu site: https://www.ricnevesadvise.com/

10.8.1 Meu papel na aplicação do *case*

Head de Agilidade Organizacional

11. Métricas de produtividade – o lado A e o lado B da história

Daniela Toledo Santana[35]

Período de acompanhamento:	01/2020 a 06/2021
Segmento da empresa:	Área de segurança da informação no setor bancário
Quantidade de colaboradores:	80

11.1. O porquê

A escolha de abordar o tema das métricas de produtividade de times neste *case* de sucesso foi resultado de uma profunda análise dos desafios enfrentados pela nossa empresa, bem como por muitas outras organizações em um ambiente empresarial cada vez mais competitivo e dinâmico. Com a crescente necessidade por entregas de alta qualidade dentro de prazos que atendam ao mercado, a busca

[35]<https://www.linkedin.com/in/danitoledosantana/>

por maneiras eficazes de medir e melhorar a produtividade dos times tornou-se uma prioridade estratégica.

Este *case* foi desenvolvido com o objetivo de oferecer aos leitores *insights* valiosos e práticos (o lado A) sobre como implementar e aproveitar ao máximo o monitoramento de métricas de produtividade. Ao compartilhar nossa jornada de implementação, pretendemos não apenas destacar os sucessos alcançados, mas também compartilhar as lições aprendidas (o lado B) e os obstáculos superados ao longo do caminho.

Através deste *case*, o leitor terá a oportunidade de compreender a importância das métricas de produtividade e aprender estratégias e melhores práticas para implementá-las eficazmente em suas próprias organizações. Espero que o *case* sirva como fonte de inspiração.

11.2. Identificando o que de fato fazia sentido para a empresa

11.2.1 Avaliação do contexto

Para iniciar o processo de identificação das necessidades da empresa em relação à visualização de dados de produtividade, realizamos uma análise detalhada do contexto organizacional. Isso incluiu a compreensão dos objetivos estratégicos da empresa, dos desafios enfrentados pelos times de desenvolvimento e das expectativas dos *stakeholders* em relação à entrega de valor.

Dores do time

Durante esse processo, conduzimos entrevistas e *workshops* com os membros da equipe para entender suas principais dores e dificuldades em relação à produtividade. Identificamos uma série de desafios, incluindo a falta de visibilidade sobre o progresso das entregas (épicos e histórias), a dificuldade em identificar gargalos no processo de desenvolvimento e a falta de dados concretos para embasar decisões e melhorias.

Necessidade de visualização de dados de produtividade

Uma das principais necessidades identificadas foi a demanda por melhor visualização e acompanhamento das métricas de produtividade. Os membros da equipe expressaram o desejo por ferramentas e processos que permitissem monitorar de forma mais eficaz o desempenho das entregas dos times, identificar padrões de trabalho e áreas de melhoria, e comunicar de forma mais clara e transparente o progresso alcançado.

Outras considerações

Além disso, consideramos outros fatores relevantes, como a cultura organizacional, a disponibilidade de recursos e tecnologias, e as práticas e metodologias de trabalho já adotadas pela empresa. Isso nos ajudou a garantir que quaisquer soluções propostas estivessem alinhadas com a realidade da organização e fossem viáveis de implementar.

11.3. O dilema da decisão das melhores métricas e ferramentas

11.3.1 Análise das métricas disponíveis

Após identificar as necessidades da empresa em relação à visualização de dados de produtividade, iniciamos uma análise das métricas disponíveis para monitorar o desempenho dos times de desenvolvimento. Consideramos uma variedade de métricas amplamente utilizadas, incluindo *lead time*, *throughput*, *cycle time*, *bugs*, tempo de bloqueio etc., que possibilitasse o acompanhamento tanto para o *upstream* quanto para o *downstream*, além de uma quantidade de outras métricas de suporte que indicavam a saúde dos dados no Jira.

Avaliação da relevância

Para determinar quais métricas seriam mais relevantes para nosso contexto específico, consideramos diversos fatores, como a natureza dos projetos desenvolvidos, as características da equipe e os objetivos estratégicos da empresa. Fizemos uma análise cuidadosa para garantir que as métricas escolhidas refletissem com precisão o desempenho e a eficácia do processo de desenvolvimento de ponta a ponta.

Seleção das ferramentas

Simultaneamente à análise das métricas, também avaliamos as diferentes ferramentas disponíveis para coleta, análise e visualização dos dados de produtividade. Levamos em consideração a facilidade de uso, a integração com as ferramentas já utilizadas pela equipe, a capacidade de personalização e a escalabilidade das soluções.

Decisão final

Após cuidadosa análise, selecionamos as métricas que melhor se alinhavam com nossas necessidades e objetivos estratégicos, bem como as ferramentas mais adequadas para coletar, analisar e visualizar esses dados. A decisão foi baseada em critérios objetivos e no consenso da equipe, garantindo que as soluções escolhidas atendessem efetivamente às demandas da empresa.

11.4. Mãos à obra! Vamos construir!

Iniciamos então a etapa de construção do sistema de monitoramento. Esse processo envolveu várias etapas essenciais:

- **Planejamento detalhado:** antes de iniciar a construção, realizamos um planejamento detalhado, definindo os requisitos específicos do sistema, os marcos de progresso e os responsáveis por cada etapa do projeto. Isso garantiu uma execução suave e eficiente do trabalho.

- **Integração de ferramentas:** implementamos as ferramentas selecionadas para coleta, análise e visualização dos dados de produtividade. Isso incluiu integrações com ferramentas de gerenciamento de projetos, versionamento de código e outras soluções utilizadas pela equipe.
- **Configuração das métricas:** configuramos os sistemas para coletar e monitorar as métricas selecionadas, garantindo que os dados fossem capturados de forma precisa e confiável ao longo do ciclo de desenvolvimento.
- **Desenvolvimento de *dashboards* e relatórios:** criamos *dashboards* e relatórios personalizados para visualizar e analisar os dados de produtividade. Isso permitiu que a equipe e os *stakeholders* acompanhassem facilmente o progresso dos projetos e identificassem áreas de melhoria.
- **Testes e ajustes:** realizamos testes rigorosos para garantir a precisão e a confiabilidade dos dados coletados, e fizemos ajustes conforme necessário para otimizar o desempenho e a usabilidade do sistema.
- **Treinamento da equipe:** por fim, oferecemos treinamento e suporte à equipe para garantir que todos estivessem familiarizados com as ferramentas e métricas utilizadas, capacitando as pessoas a utilizar efetivamente o sistema de monitoramento de produtividade.

11.5. A divulgação para engajamento

Após a construção do sistema de monitoramento de produtividade, iniciamos a etapa de divulgação, para garantir o engajamento e a adoção efetiva por parte da equipe e dos *stakeholders*. Esse processo envolveu várias estratégias de comunicação e engajamento:

- **Comunicação clara e transparente:** começamos informando os objetivos do sistema de monitoramento de produtividade, destacando seus benefícios e sua relevância para a empresa e para os membros da equipe.
- **Apresentações e *workshops*:** apresentamos o sistema de monitoramento, demonstrando suas funcionalidades e respondendo a quaisquer dúvidas ou preocupações levantadas pela equipe.
- **Material de apoio:** desenvolvemos manuais de uso, guias rápidos e tutoriais em vídeo para ajudar a equipe a se familiarizar com as ferramentas e métricas utilizadas.
- ***Feedback* e iteração:** durante o processo de divulgação, incentivamos o *feedback* contínuo da equipe e dos *stakeholders*, garantindo que suas necessidades e preocupações fossem ouvidas e endereçadas de forma proativa.
- **Engajamento dos *stakeholders*:** envolvemos líderes de equipe e gerentes de projeto no processo de divulgação, destacando a importância do seu apoio para o sucesso do sistema de monitoramento.
- **Criação de uma cultura de transparência:** por fim, encorajamos a equipe a compartilhar *insights* e sugestões para melhoria contínua.

11.6. Como foi a adoção

Após a divulgação do sistema de monitoramento de produtividade, focamos na adoção por parte da equipe. Esta fase envolveu uma série de estratégias e ações para garantir que o sistema fosse utilizado de forma eficaz e integrada ao dia a dia de trabalho:

- **Treinamento intensivo:** capacitamos a equipe no uso das ferramentas e na interpretação das métricas de produtividade. Isso incluiu sessões práticas, tutoriais personalizados e suporte individualizado, conforme necessário.

- **Acompanhamento e suporte contínuo:** respondemos a dúvidas, fornecemos orientações e ajudamos a superar quaisquer obstáculos encontrados durante o uso do sistema.
- **Incentivos e reconhecimento:** criamos programas para recompensar membros da equipe que demonstraram um engajamento exemplar no uso do sistema de monitoramento de produtividade.
- **Integração ao processo de trabalho:** integramos o sistema de monitoramento ao processo de trabalho da equipe, garantindo que as métricas de produtividade fossem regularmente revisadas e discutidas em reuniões e avaliações de desempenho.
- ***Feedback* e melhoria contínua:** solicitamos *feedback* regular da equipe sobre o uso do sistema de monitoramento, buscando identificar áreas de melhoria e fazer ajustes conforme necessário.
- **Cultura de colaboração e transparência:** incentivamos a equipe a compartilhar *insights*, *feedback* e sugestões para melhorias no sistema de monitoramento de produtividade.

11.7. O que conseguimos de resultados

Após a completa adoção das métricas de produtividade e a integração do sistema de monitoramento ao processo de trabalho da equipe, observamos uma série de resultados positivos e impactantes:

- **Melhoria na identificação de gargalos:** a utilização das métricas de produtividade possibilitou a implementação de ações corretivas de forma mais ágil e eficaz.
- **Aumento da previsibilidade de entregas:** com a análise regular das métricas de produtividade, a equipe passou a ter uma visão mais clara e precisa do tempo necessário para completar as tarefas.
- **Redução do tempo de ciclo:** observamos uma redução significativa no tempo de ciclo de desenvolvimento, graças à

identificação e eliminação de atividades desnecessárias e à otimização dos processos de trabalho.

- **Diminuição da taxa de *bugs*:** a análise das métricas de qualidade possibilitou uma melhoria na qualidade do código produzido, resultando em uma redução na quantidade de defeitos e retrabalho.
- **Aumento da eficiência operacional:** com a adoção das métricas de produtividade, a equipe conseguiu identificar e eliminar desperdícios e atividades de baixo valor agregado.
- **Maior satisfação do cliente:** os resultados positivos obtidos com a adoção das métricas de produtividade se refletiram diretamente na satisfação do cliente, que passou a receber entregas mais consistentes, dentro do prazo e com maior qualidade.

11.8. O que esperamos para o futuro

Após os resultados positivos obtidos com a adoção das métricas de produtividade, estamos direcionando nossos esforços para a criação de um *cockpit* de métricas de *output* e *outcome*. Essa próxima fase envolverá as seguintes etapas:

- **Definição de métricas de *output* e *outcome*:** iniciaremos o processo definindo métricas que representem os resultados diretos das atividades realizadas pela equipe e que reflitam o impacto dessas atividades nos objetivos estratégicos da empresa.
- **Desenvolvimento de *dashboards* personalizados:** será possível visualizar e analisar as métricas de *output* e *outcome*, proporcionando uma visão abrangente do desempenho da equipe.
- **Integração de dados:** integraremos dados de diversas fontes, incluindo sistemas internos da empresa, *feedback* dos clientes e métricas de mercado.

- **Análise e interpretação dos resultados:** identificaremos tendências, padrões e *insights* relevantes para orientar a tomada de decisão da empresa.
- **Comunicação e engajamento:** comunicaremos de forma clara e transparente os resultados obtidos por meio do *cockpit* de métricas de *output* e *outcome*, envolvendo a equipe e os *stakeholders*-chave no processo de interpretação e análise dos dados.
- **Iteração e melhoria contínua:** continuaremos aprimorar o *cockpit* de métricas de *output* e *outcome* com base no *feedback* recebido e nas mudanças no ambiente de negócios, garantindo sua relevância e eficácia ao longo do tempo.

11.9. Lições aprendidas

Ao longo da implementação deste *case* de sucesso na adoção de métricas de produtividade, enfrentamos uma série de desafios que nos proporcionaram valiosas lições aprendidas:

- **Resistência à mudança:** uma das dificuldades enfrentadas foi a resistência à mudança por parte de alguns membros da equipe. Lidamos com essa resistência por meio de uma comunicação clara e transparente sobre os benefícios da adoção das métricas de produtividade, destacando como essas mudanças contribuiriam para o sucesso do projeto e para o crescimento profissional de cada indivíduo.
- **Complexidade tecnológica:** para lidar com essa questão, investimos tempo e recursos em treinamentos e capacitação da equipe, garantindo que todos estivessem confortáveis com as novas tecnologias e ferramentas.
- **Coleta e qualidade dos dados:** enfrentamos problemas iniciais com a qualidade dos dados e sua integração entre diferentes sistemas. Aprendemos com esses erros implementando processos de validação e garantia da qualidade dos dados e melhoramos a integração entre as ferramentas utilizadas.

- **Engajamento dos *stakeholders*:** garantir o apoio contínuo dos *stakeholders* foi fundamental para o sucesso do projeto. Identificamos a importância de uma comunicação eficaz e de manter os *stakeholders* informados sobre o progresso do projeto, suas expectativas e preocupações. Aprendemos a envolvê-los desde o início e a fornecer *feedback* regular sobre o impacto das métricas de produtividade.
- **Ajustes contínuos:** ao longo do processo, reconhecemos a importância de estar abertos a adaptações conforme necessário. Aprendemos que a flexibilidade e a capacidade de resposta são essenciais para lidar com as mudanças e os desafios que surgem ao longo do caminho.

11.10. Sobre a autora

Meu nome é Daniela Toledo Santana e atuo como líder do *chapter* de agilidade.

Com mais de 20 anos de experiência em Tecnologia da Informação, especializei-me em papéis como *Agile Coach*, *Squad Lead*, *Team Leader* e *Project Manager*, destacando-me pelo domínio do ciclo de vida do desenvolvimento de software. Minha eficaz habilidade de comunicação promove um *coworking* excepcional entre equipes. Sou MBA em *Project Management* pela FGV, complementado por diversas certificações em agilidade (CAC, CSPO, CSPM, KPM I e II, entre outras). Além disso, possuo formação em Ciência de Dados pela LetsCode, ampliando minha capacidade analítica para tomar decisões baseadas em dados, visando a melhoria contínua da produtividade dos times. Minha trajetória é marcada por um compromisso constante com a excelência, inovação e a aplicação de práticas ágeis no *chapter* que lidero.

11.10.1 Meu papel na aplicação do *case*

Agile Coach e líder de dados de produtividade

12. Métricas de aderência à cultura e às práticas ágeis

Daniela Toledo Santana[36]

Período de acompanhamento:	01/2020 a 06/2021
Segmento da empresa:	Área digital de uma empresa de telecomunicações
Quantidade de colaboradores:	800

12.1. Contexto e percepção inicial

A jornada rumo à maturidade ágil começou com a clara percepção de que, apesar da adoção inicial das metodologias ágeis, havia uma grande variação na forma como as práticas e a cultura ágil estavam sendo implementadas entre os diferentes times. Essa inconsistência foi inicialmente notada por meio de *feedbacks* diretos das equipes, avaliações de desempenho dos times e uma análise detalhada das entregas e da satisfação do cliente. A diferença no entendimento e aplicação dos princípios ágeis entre as equipes sugeriu uma falta de alinhamento e compreensão uniforme do que significa ser ágil.

---

36 <https://www.linkedin.com/in/danitoledosantana/>.

Diante dessa situação, realizamos uma análise mais profunda para entender melhor as lacunas existentes. Utilizamos sessões *brainstorming*, pesquisas internas e *feedback* para coletar dados quantitativos e qualitativos sobre a aplicação das metodologias ágeis. Essa fase de diagnóstico ajudou a identificar áreas específicas de melhoria, tais como comunicação entre equipes, gestão de *backlog*, planejamento e execução de *Sprints* e adesão aos rituais ágeis.

A conclusão foi que, sem uma compreensão compartilhada e uma adesão consistente às práticas ágeis, seria difícil alcançar os níveis desejados de eficiência e satisfação do cliente. Isso nos levou ao desenvolvimento de um conjunto de métricas e à escolha de ferramentas adequadas para medir e acompanhar a maturidade ágil.

12.2. Decisão de métricas e ferramentas

12.2.1 Exploração e seleção preliminar

A fase inicial envolveu uma ampla pesquisa que incluiu literatura especializada, *benchmarking* com outras organizações que já haviam passado por processos semelhantes e consultas com especialistas. Foi uma etapa de exploração destinada a compreender o espectro de métricas disponíveis e como elas poderiam ser aplicadas no contexto da nossa organização.

Os critérios de seleção para as métricas focaram na capacidade de capturar tanto aspectos qualitativos quanto quantitativos da maturidade ágil. Métricas qualitativas incluíram o nível de engajamento da equipe, a satisfação do cliente e a qualidade da comunicação interna. Já as métricas quantitativas abrangeram itens como a velocidade de entrega, taxa de conclusão de *Sprints* e o número de defeitos encontrados pós-lançamento. Para as ferramentas, os critérios de escolha enfatizaram a integração com sistemas já utilizados pela empresa, usabilidade para as equipes e a capacidade de fornecer *insights* acionáveis por meio de *dashboards* intuitivos e relatórios detalhados.

12.2.2 Processo de decisão e implementação

A decisão final sobre métricas e ferramentas a serem utilizadas foi tomada em um *workshop* que contou com a participação de líderes ágeis, representantes das equipes de desenvolvimento e *stakeholders* de negócio. Esse processo colaborativo garantiu que as métricas escolhidas refletissem as necessidades e realidades específicas de nossa organização, e que as ferramentas selecionadas fossem acessíveis e úteis para todos os envolvidos. Após a seleção, iniciamos uma fase piloto com algumas equipes para testar e ajustar o sistema de avaliação antes de um lançamento mais amplo.

12.3. Construção do modelo de avaliação

O processo começou com a formação de um grupo de trabalho multidisciplinar, incluindo líderes ágeis, membros de uma equipe técnica e representantes de negócios. Esse grupo foi encarregado de desenvolver um *framework* que não apenas capturasse a essência das práticas ágeis, mas também fosse adaptável às peculiaridades da nossa organização. O trabalho iniciou-se com a definição clara dos objetivos da avaliação, centrados em medir a adesão às práticas ágeis, a eficácia na entrega de valor ao cliente e a melhoria contínua dos processos internos.

Para garantir a relevância e eficácia do modelo, o grupo de trabalho decidiu incorporar elementos de *frameworks* ágeis reconhecidos, como *Scrum* e *Kanban*, ajustando-os à realidade específica da nossa empresa. Isso envolveu a adaptação de rituais, artefatos e *roles* definidos por esses *frameworks* para refletir as nuances do nosso ambiente de trabalho. Além disso, foram estabelecidos indicadores-chave de desempenho (KPIs) específicos, projetados para monitorar áreas críticas de desempenho e adesão ágil.

Após uma versão inicial do modelo ser desenvolvida, ela foi submetida a testes piloto em algumas equipes. Esses testes permitiram a coleta de *feedback* direto dos usuários finais do modelo, garantindo que as métricas selecionadas fossem não apenas teoricamente sólidas, mas também práticas e úteis no dia a dia das equipes. Com base nesse *feedback*, o modelo foi refinado para melhor atender às necessidades de todas as partes interessadas.

12.3.1 Implementação e treinamento

Com o modelo de avaliação finalizado, iniciamos uma fase de implementação e treinamento em toda a organização. Isso incluiu sessões de treinamento para garantir que todos compreendessem como o modelo funcionaria, quais seriam suas responsabilidades e como os dados coletados seriam utilizados para promover melhorias contínuas. O treinamento focou também na cultura ágil que queríamos reforçar.

12.4. Estratégia de comunicação

A etapa de divulgação do processo de avaliação de maturidade ágil foi destinada a assegurar o engajamento e a compreensão de todos os envolvidos. Reconhecendo a importância de uma comunicação eficaz para o sucesso da iniciativa, a estratégia incluiu múltiplos canais e formatos, desde e-mails informativos e *posts* na intranet da empresa até sessões interativas de Q&A e *workshops*.

Queríamos que todos na organização entendessem que o foco não estava em julgar ou fiscalizar, mas em identificar oportunidades de crescimento e aprimoramento. Para isso, envolvemos as equipes desde o início, oferecendo clareza sobre como o processo funcionaria e como os dados coletados seriam utilizados para beneficiar tanto as equipes individuais como a organização como um todo.

Workshops e sessões de treinamento foram componentes críticos da fase de divulgação, projetados para equipar todos os membros da equipe com o conhecimento necessário para participar efetivamente do processo de avaliação. Esses eventos proporcionaram uma plataforma para discussão aberta, permitindo que as equipes expressassem preocupações, fizessem perguntas e compreendessem melhor a importância de sua participação ativa no processo de avaliação da maturidade ágil.

A estratégia de divulgação também incluiu mecanismos para coletar e responder a *feedbacks* e preocupações das equipes em tempo real. Isso assegurou que o processo permanecesse adaptável e relevante para as necessidades em evolução da organização.

12.5. Implementação piloto e expansão gradual

Selecionamos algumas equipes para implementar inicialmente o modelo. Isso permitiu que ajustes fossem feitos com base em situações reais, facilitando uma transição mais suave para o restante da organização. A implementação piloto permitiu identificar desafios e resistências iniciais em um ambiente controlado, oferecendo a oportunidade de ajustar o processo antes de uma implementação mais ampla.

12.6. O que conseguimos de resultados

12.6.1 Melhoria na consistência das práticas ágeis

Após a adoção das métricas de avaliação, um dos resultados mais significativos foi a melhoria notável na consistência das práticas ágeis entre as equipes. Antes do processo, a aplicação das práticas ágeis variava amplamente, o que resultava em entregas inconsistentes e em uma cultura ágil fragmentada. Com as métricas em vigor, foi possível identificar e endereçar essas inconsistências.

12.6.2 Aumento na satisfação do cliente

Com equipes mais alinhadas e eficientes, a organização conseguiu melhorar a qualidade e a previsibilidade das entregas. Isso não só elevou a satisfação do cliente, como também fortaleceu a confiança na capacidade da empresa de cumprir seus compromissos, contribuindo para relações mais duradouras e produtivas com os clientes.

12.6.3 Eficiência operacional e inovação

A implementação das métricas também levou a um aumento na eficiência operacional. A cultura de melhoria contínua incentivada pelas métricas estimulou a inovação, com equipes explorando novas abordagens e soluções para enfrentar desafios, tanto técnicos quanto organizacionais.

12.6.4 Identificação e resolução rápida de problemas

Outro benefício significativo foi a capacidade de identificar e resolver problemas de maneira mais rápida e eficaz. As métricas forneceram uma visão clara das áreas que necessitavam de atenção, permitindo que as equipes agissem proativamente para abordar questões antes que elas se tornassem obstáculos significativos para o progresso.

12.6.5 Fortalecimento da cultura de transparência e colaboração

Com dados objetivos sobre o desempenho e a maturidade ágil à disposição de todos, as equipes se sentiram mais empoderadas para compartilhar conhecimentos, aprender umas com as outras e colaborar em busca de soluções comuns.

12.7. Próximo passo: criação de um *assessment* escalado para líderes

Após observar os resultados positivos da implementação das métricas de avaliação da maturidade ágil nas equipes, identificamos o próximo passo natural: a criação de um *assessment* escalado especificamente para líderes. A motivação por trás dessa decisão se fundamenta na compreensão de que a liderança desempenha um papel crítico no sucesso da adoção ágil. Líderes não só estabelecem a visão e direcionamento para suas equipes, mas também criam o ambiente necessário para que a cultura ágil floresça. Portanto, avaliar e desenvolver a maturidade ágil dos líderes tornou-se uma prioridade estratégica.

O objetivo do *assessment* escalado para líderes é duplo. Primeiramente, visa fornecer uma avaliação clara e objetiva da maturidade ágil dos líderes, identificando áreas de força e oportunidades de desenvolvimento. Em segundo lugar, busca promover um crescimento contínuo e alinhado com as práticas ágeis.

12.7.1 Desenvolvimento do modelo de *assessment*

O processo de desenvolvimento do modelo de *assessment* para líderes envolve várias etapas, começando com a definição de competências-chave que caracterizam uma liderança eficaz em um contexto ágil. Isso inclui a capacidade de promover autonomia e empoderamento nas equipes, facilitar uma cultura de *feedback* e aprendizado contínuo, e demonstrar adaptabilidade em face de mudanças. Com as competências definidas, o próximo passo é criar ferramentas de avaliação que possam medir efetivamente essas habilidades, incluindo questionários, entrevistas e análises de comportamento.

A implementação do *assessment* de liderança será realizada de forma iterativa, começando com um grupo piloto de líderes para refinar o processo e as ferramentas de avaliação. Essencial para essa fase é o *feedback* dos participantes, que ajudará a ajustar o modelo para garantir sua eficácia e relevância. Além disso, o processo incluirá o desenvolvimento de planos de ação personalizados para os líderes, focando no desenvolvimento contínuo das competências identificadas como áreas de melhoria.

12.7.2 Impacto esperado

A criação e implementação de um *assessment* escalado para líderes tem o potencial de transformar a maneira como a liderança é exercida dentro da organização. Ao focar no desenvolvimento das competências ágeis dos líderes, esperamos não apenas melhorar a eficácia da liderança, mas também reforçar a cultura ágil em toda a organização. Líderes bem preparados e alinhados com os princípios ágeis podem inspirar suas equipes, promover uma maior colaboração e inovação, e contribuir significativamente para o sucesso sustentável da transformação ágil.

12.8. Lições aprendidas e desafios encontrados

Uma das primeiras e mais importantes lições aprendidas foi a importância de adaptar as práticas e métricas ágeis ao contexto específico da nossa organização. Inicialmente, houve a tentativa de implementar práticas padrão de forma rígida, o que não se mostrou efetivo devido às peculiaridades únicas da nossa estrutura, cultura e objetivos de negócios. Aprendemos que a flexibilidade e a customização são cruciais para a adoção bem-sucedida das práticas ágeis.

Outra lição significativa foi a necessidade de uma comunicação clara e aberta durante todo o processo de implementação das métricas de maturidade ágil. Enfrentamos resistência por parte de algumas equipes, principalmente devido a percepções de que as métricas poderiam ser usadas para avaliações negativas individuais.

Superamos esses obstáculos enfatizando que o objetivo das métricas era promover a melhoria contínua e o desenvolvimento coletivo, e não a fiscalização individual.

A importância do comprometimento da liderança emergiu como um fator crítico para o sucesso da adoção das práticas ágeis. Nos estágios iniciais, a falta de envolvimento ativo e suporte visível da alta liderança contribuiu para uma adesão hesitante de algumas equipes. A participação mais ativa e o endosso das lideranças no processo ajudaram a solidificar a importância da transformação ágil, incentivando uma maior aceitação e comprometimento em toda a organização.

Adotar uma abordagem faseada e implementar um piloto antes do lançamento em larga escala provou ser extremamente benéfico. Isso nos permitiu testar e ajustar o modelo de avaliação em um ambiente controlado, aprendendo com os resultados e refinando as práticas antes de uma implementação mais ampla. A pilotagem também ajudou a demonstrar o valor do processo de avaliação, aumentando a confiança e o *buy-in* em toda a organização.

A coleta de *feedback* de todas as partes interessadas foi essencial para o sucesso do projeto. Aprendemos que a melhoria contínua é um processo interminável, que requer uma disposição para se adaptar e evoluir com base em novas informações e desafios emergentes.

12.9. Sobre a autora

Meu nome é Daniela Toledo Santana e atuo como líder do *chapter* de agilidade e líder de dados de produtividade do digital.

Com mais de 20 anos de experiência em Tecnologia da Informação, especializei-me em papéis como *Agile Coach, Squad Lead, Team Leader* e *Project Manager*, destacando-me pelo domínio do ciclo de vida de desenvolvimento de software. Minha eficaz habilidade de comunicação promove uma colaboração excepcional entre equipes. Sou MBA em *Project Management* pela FGV, complementado por diversas certificações em agilidade (CAC, CSPO, CSPM, KPM I e II, entre outras). Além disso, possuo formação em Ciência de Dados pela LetsCode, ampliando minha capacidade analítica para tomar decisões baseadas em dados, visando a melhoria contínua da produtividade dos times. Minha trajetória é marcada por um compromisso constante com a excelência, a inovação e a aplicação de práticas ágeis no *chapter* que lidero.

12.9.1 Meu papel na aplicação do *case*

Agile Coach e líder de dados de produtividade

13. Além do mapa: A contribuição do Watson X Assistant na exploração de San Antonio

Maycon Cypriano Batestin [37]

Período de acompanhamento:	01/2022 a 02/2023
Segmento da empresa:	Serviços
Quantidade de colaboradores:	5 mil

13.1. Cenário inicial

John Bigal é um personagem fictício, mas quero que você, caro leitor, o imagine como sendo você.

Ele vive no bairro de West Side, em San Antonio. Sua rotina, como de todo bom enfermeiro, consiste em pegar o ônibus bem cedo para ir ao hospital onde trabalha. Como muitos outros passageiros, John frequentemente tinha dúvidas sobre os horários dos ônibus, mudanças

[37] <https://www.linkedin.com/in/mayconbatestin/>

nas rotas e informações sobre tarifas. Para ele, a demora em obter respostas significava mais do que um simples incômodo – poderia resultar em atrasos que afetariam não apenas sua vida, mas também o atendimento aos seus pacientes.

O cotidiano de John reflete o desafio enfrentado pela cidade de San Antonio: um suporte ao cliente sobrecarregado, incapaz de atender a todas as consultas de forma eficiente e rápida. A repetição constante de perguntas básicas consumia o tempo dos agentes, deixando pouco espaço para resolver questões mais complexas e urgentes.

San Antonio é uma metrópole no estado do Texas, EUA, e enfrentava o desafio de gerenciar uma demanda crescente no transporte público, com cerca de 36 milhões de viagens de passageiros anualmente. A magnitude desse movimento destacou a necessidade de reavaliar a eficiência do suporte ao cliente, especialmente considerando a natureza repetitiva das consultas básicas.

A equipe executiva, diante da impossibilidade de atender a essa demanda 24/7 de maneira convencional, identificou a oportunidade de otimizar o atendimento por meio de soluções digitais. A ideia era liberar os agentes para serviços de maior valor, concentrando-se nas consultas rotineiras por meio de um agente digital automatizado.

E quais foram os problemas identificados? Suporte ao cliente sobrecarregado com consultas repetitivas, dificuldade em atender à demanda constante de uma população de 1,4 milhão de habitantes, necessidade de suporte multilíngue (inglês e espanhol), requisitos de interação com APIs de terceiros para informações em tempo real, análise operacional essencial para otimização contínua e, por último, mas não menos importante, uma base na computação em nuvem para escalabilidade e eficiência.

Diante desses desafios, a equipe optou pela implementação do WatsonX Assistant, um assistente virtual baseado em inteligência artificial. Este agente automatizado, denominado AVA (*Automated Virtual Assistant*), seria capaz de responder automaticamente a perguntas frequentes, fornecer informações em tempo real e interagir em inglês e espanhol.

Para garantir a eficácia do AVA, a equipe definiu métricas cruciais, incluindo tempo de resposta, taxa de retorno do cliente, taxa de resolução na primeira chamada, taxa de cancelamento de serviços, eficiência operacional e disponibilidade de serviço.

E como se deu essa implementação? Oras, a plataforma WatsonX Assistant facilitou o acompanhamento das métricas de satisfação do usuário de forma simples e intuitiva. Utilizando tecnologias como IBM Watson Studio, IBM Cognos Dashboard Embedded e IBM Db2 no IBM Cloud, a análise operacional tornou-se uma ferramenta valiosa para avaliar o desempenho do assistente.

Os resultados dessas análises foram apresentados em KPIs de negócios, demonstrando o valor agregado pelo AVA. A fácil acessibilidade às métricas e a capacidade de tomada de decisões embasadas contribuíram para a aceitação entusiástica do serviço por parte do cliente.

O AVA foi lançado no final de 2022 no site da cidade e em aplicativos móveis. Com a capacidade de responder a mais de 150 perguntas comuns e oferecendo suporte contínuo em inglês e espanhol, o *chatbot* transformou-se em uma ferramenta popular, conduzindo milhares de interações mensais e proporcionando uma experiência aprimorada de transporte público em San Antonio.

A implementação do AVA resolveu desafios operacionais imediatos e estabeleceu um padrão inovador para otimização contínua e eficiência na interação com os usuários.

13.2. A busca pelas métricas mais adequadas

Em nossas pesquisas, pudemos observar grandes desafios enfrentados pelo sistema de transporte público em San Antonio. A equipe reconheceu que a sobrecarga no suporte ao cliente estava diretamente ligada à natureza repetitiva das consultas básicas, o que motivou a escolha de métricas que visavam aliviar esse fardo.

A hipótese subjacente era que a eficiência do sistema poderia ser maximizada se as perguntas frequentes fossem atendidas de forma automatizada, permitindo que os agentes humanos se concentrassem em interações de maior valor.

Assim, o uso estratégico de métricas desempenhou um papel crucial na solução dos desafios enfrentados pelo sistema de transporte público em San Antonio. O **tempo de resposta** foi identificado como essencial para reduzir o tempo de espera do cliente, abordando a sobrecarga do suporte ao cliente e melhorando a eficiência operacional. Ao medir o período entre a solicitação do usuário e a resposta do assistente virtual, a equipe esperava criar uma experiência mais ágil e satisfatória para os passageiros.

A **taxa de retorno do cliente** foi escolhida para avaliar a eficácia geral do AVA em fornecer informações precisas e úteis, incentivando os usuários a retornarem para interações futuras. Esta métrica refletiria diretamente na capacidade do assistente virtual de atender às expectativas do cliente e de superar as dores identificadas, proporcionando uma solução contínua e confiável.

A **taxa de resolução na primeira chamada** se tornou essencial para medir a capacidade do AVA em resolver as consultas dos usuários de forma eficiente durante o primeiro contato. Ao minimizar a necessidade de interações subsequentes, a equipe visava não apenas reduzir a carga de trabalho do suporte ao cliente, mas também melhorar a experiência do usuário ao fornecer respostas rápidas e precisas.

Essas métricas, em conjunto com outras escolhidas, como taxa de cancelamento de serviços, eficiência operacional e disponibilidade de serviço, formaram um conjunto que abordou diretamente os problemas identificados. Ao utilizar essas métricas de forma estratégica, a equipe conseguiu mensurar o desempenho do AVA e também otimizar continuamente a interação entre o assistente virtual e os usuários do sistema de transporte público em San Antonio.

13.2.1 Início do processo e adoção das métricas

O processo começou com uma fase meticulosa de planejamento, onde a equipe definiu claramente os objetivos e as métricas a serem implementadas. Foi estabelecido um sistema de coleta de dados integrado ao WatsonX Assistant, permitindo uma monitorização em tempo real das interações do AVA com os usuários. A equipe também configurou os parâmetros para registrar o tempo de resposta, a taxa de retorno do cliente e outras métricas identificadas como cruciais.

13.2.2 Dificuldades e barreiras na adoção

A transição para a implementação das métricas enfrentou algumas dificuldades iniciais. A equipe de suporte ao cliente, acostumada a abordagens tradicionais, precisou se adaptar à mudança de paradigma. A resistência inicial surgiu devido à incerteza sobre a eficácia do novo sistema e preocupações relacionadas à perda de controle sobre interações específicas. Além disso, a integração com APIs de terceiros e a necessidade de comunicação multilíngue trouxeram desafios técnicos que demandaram atenção especial.

À medida que as métricas começaram a ser utilizadas, os resultados foram monitorados de perto. O tempo de resposta imediatamente apresentou melhorias perceptíveis, reduzindo significativamente o tempo de espera dos usuários. A taxa de retorno do cliente indicou um aumento na fidelidade dos usuários, refletindo uma resposta positiva às interações com o AVA. A taxa de resolução na primeira chamada mostrou uma eficiência impressionante na resolução instantânea de consultas, aliviando consideravelmente a carga de trabalho da equipe de suporte.

13.2.3 Resistência e lições aprendidas

A resistência inicial foi gradualmente superada por meio de treinamento intensivo e comunicação transparente sobre os benefícios tangíveis do AVA. A equipe percebeu que a resistência estava enraizada na falta de compreensão e que a comunicação eficaz desempenhou um papel vital na aceitação da mudança. As dificuldades técnicas foram abordadas com parcerias estratégicas e uma abordagem iterativa para otimizar a integração com APIs externas.

Lições aprendidas:

- Uma **comunicação clara e transparente** sobre os objetivos e benefícios do AVA foi fundamental para superar resistências iniciais.
- Investir em **treinamento aprofundado** para a equipe de suporte ao cliente foi essencial para garantir uma transição suave para o novo sistema.
- A adoção de uma **abordagem iterativa** permitiu ajustes contínuos, especialmente nas integrações com APIs e na comunicação multilíngue, garantindo uma implementação eficaz.
- O **monitoramento contínuo** permitiu ajustes rápidos e aprimoramentos, garantindo que o AVA evoluísse em resposta às necessidades dos usuários.

13.3. Resultados

A implementação do AVA (*Automated Virtual Assistant*) apresentou resultados notáveis. O tempo de resposta, um dos principais indicadores, experimentou uma redução drástica, proporcionando uma experiência mais ágil e satisfatória para os usuários. O *feedback* inicial revelou que os passageiros notaram e apreciaram a eficiência aprimorada, marcando uma mudança tangível na percepção do suporte ao cliente.

A taxa de retorno do cliente também refletiu positivamente, indicando uma fidelidade crescente dos usuários. A qualidade das interações com o AVA contribuiu para a satisfação do cliente, evidenciada pelo aumento no número de clientes que retornavam para utilizar os serviços. A taxa de resolução na primeira chamada, por sua vez, corroborou a eficácia do AVA na resolução instantânea de consultas, resultando em uma redução substancial na carga de trabalho da equipe de suporte.

Os benefícios foram além das métricas específicas. A taxa de cancelamento de serviços diminuiu significativamente. A eficiência operacional também melhorou, destacando o impacto positivo do AVA na otimização dos processos internos, reduzindo custos operacionais e melhorando a eficácia geral.

A disponibilidade de serviço mostrou uma alta taxa, evidenciando a confiabilidade contínua do sistema. A integração bem-sucedida com APIs de terceiros garantiu informações precisas e em tempo real, enriquecendo a experiência do usuário. A comunicação multilíngue também desempenhou um papel vital na inclusão da comunidade diversificada de San Antonio, proporcionando suporte eficaz tanto em inglês quanto em espanhol.

13.4. Consideração final

O AVA tornou-se uma peça central na interação dos usuários com o sistema de transporte público. Sua capacidade de responder a mais de 150 perguntas comuns 24/7, em inglês e espanhol, gerou uma revolução na experiência do usuário. A antiga dor de esperar por respostas durante os horários de atendimento foi totalmente mitigada, e a chegada do próximo ônibus em tempo real tornou-se uma informação acessível a qualquer momento.

O impacto geral foi substancial, refletindo-se na popularidade crescente do AVA. Milhares de conversas mensais demonstram a aceitação entusiástica por parte dos usuários, indicando que a solução superou as expectativas. Em última análise, os resultados tangíveis e a reação positiva dos usuários solidificam a transformação bem-sucedida do suporte ao cliente no sistema de transporte público de San Antonio, evidenciando que a dor inicialmente identificada foi resolvida.

13.5. Sobre o autor

Cientista de dados, mentor e palestrante oficial da IBM, Maycon Cypriano Batestin é apaixonado por desvendar os segredos ocultos nos dados e transformá-los em *insights* e em grandes soluções.

13.5.1 Meu papel na aplicação do *case*

Cientista de Dados e *Machine Learning*.

Referências

ACHOR, S. **O Jeito Harvard de Ser Feliz.** Rio de Janeiro: Saraiva, 2013.

ANDERSON, D. J. **Kanban:** mudança evolucionária de sucesso para seu negócio de tecnologia. Rio de Janeiro: Alta Books, 2013.

BATISTA, A. D. et al. A Gestão do Conhecimento em Modelos de Trabalho Flexível: Expectativas da Geração Y. **Revista Espacios**, vol. 38, n. 18, p. 1-14, 2017.

CAGAN, M. **Inspired:** how to create products customers love. Silicon Valley: SVPG Press, 2018.

CAROLI, P. **Lean Inception:** como alinhar pessoas e construir o produto certo. São Paulo: Caroli, 2018.

CHRISTENSEN, C. **O Dilema da Inovação.** São Paulo: M. Books, 2012.

COHN, M. **Agile Estimating and Planning.** Upper Saddle River: Prentice Hall, 2005.

COIMBRA, R. G. C. de; SCHIKMANN, R. A Geração Net. *In*: XXV Encontro da ANPAD, 25., 16-19 set. 2001, Campinas. **Anais...** Campinas, SP: EnANPAD, 2001, p. 1-14.

CROLL, A.; YOSKOVITZ, B. **Lean Analytics:** use data to build a better startup faster. Sebastopol: O'Reilly Media, 2013.

DOERR, J. **Measure What Matters:** how Google, Bono, and the Gates Foundation Rock the World with OKRs. New York: Portfolio, 2018.

DUHIGG, C. **O Poder do Hábito**. Rio de Janeiro: Objetiva, 2012.

DWECK, C. S. **Mindset:** a nova psicologia do sucesso. Rio de Janeiro: Objetiva, 2017.

EYAL, N. **Hooked:** how to build habit-forming products. New York: Portfolio, 2014.

GALVÃO, J. **Super Apresentações**. Rio de Janeiro: Alta Books, 2014.

JOTA, J. **Esteja, viva, permaneça 100% presente:** o poder da disciplina, do foco e dos minihábitos para conseguir realizar seu potencial máximo. São Paulo: Gente, 2019. 224p.

KLEON, A. **Mostre seu Trabalho!** Rio de Janeiro: Rocco, 2014.

KNAPP, J.; ZERATSKY, J.; KOWITZ, B. **Sprint:** o método usado no Google para testar e aplicar novas ideias em apenas cinco dias. Rio de Janeiro: Intrínseca, 2016.

LENCIONI, P. **The Five Dysfunctions of a Team:** a leadership fable. San Francisco: Jossey-Bass, 2002.

LONGO, R. M. J. **Gestão do Conhecimento:** a mudança de paradigmas empresariais no século XXI. São Paulo: Senac, 2014.

MEISLER, R. **Rebeldes têm asas**. São Paulo: Gente, 2019.

MUNIZ, A. et al. **Jornada da Transição para Agilidade:** somando conceitos e experiências brasileiras para colaborar com Scrum Masters protagonistas. Rio de Janeiro: Brasport, 2023.

MUNIZ, A. et al. **Jornada Ágil de Processos:** como equilibrar controle e agilidade nos processos estratégicos, táticos e operacionais. Rio de Janeiro: Brasport, 2023.

MUNIZ, A. et al. **Jornada Ágil Além da TI:** desmistificando o uso da agilidade por meio de exemplos em diferentes segmentos de mercado. Rio de Janeiro: Brasport, 2023.

NOVAES, M. F. A. T. **Indicadores e métricas para gestão do capital intelectual nas gerações Y e Z em empresas de outsourcing de TI**. Dissertação (Mestrado em Ciência da Informação) – Faculdade de

Engenharia, Universidade do Porto, Porto, Portugal, 2021. Disponível em: <https://sigarra.up.pt/feup/pt/pub_geral.pub_view?pi_pub_base_id=488243>. Acesso em: 04 jul. 2024.

OLSEN, D. **The Lean Product Playbook:** how to innovate with minimum viable products and rapid customer feedback. Hoboken: Wiley, 2015.

PATTON, J. **User Story Mapping:** discover the whole story, build the right product. Sebastopol: O'Reilly Media, 2014.

RIES, E. **A Startup Enxuta.** Rio de Janeiro: Sextante, 2019.

RIKER, D.; SILVA, V. C. **A Arte da Facilitação:** o poder da facilitação e seu verdadeiro impacto na cultura das organizações. São Paulo: Caroli, 2019.

SINEK, S. **Start with Why:** how great leaders inspire everyone to take action. New York: Portfolio, 2009.

STEWART, T. A. **Capital Intelectual:** a nova vantagem competitiva das empresas. 5.ed. Rio de Janeiro: Campus, 1998.

SUTHERLAND, J.; SUTHERLAND, J. J. **Scrum:** a arte de fazer o dobro do trabalho na metade do tempo. Rio de Janeiro: Sextante, 2019.

SVEIBY, K.-E. **Measuring Intangibles and Intellectual Capital:** An Emerging First Standard. Aug. 05, 1998. 11p.

SVEIBY, K.-E. **Methods for Measuring Intangible Assets.** 2010. 12p.

WATKINS, M. **The First 90 Days:** proven strategies for getting up to speed faster and smarter. Boston: Harvard Business Review Press, 2013.

Agradecimentos

Agradeço a todos os autores que acreditaram no nosso projeto e escolheram compartilhar com a sociedade suas histórias e lições aprendidas.
Vida longa à Jornada Colaborativa!
Cíntia Guberovic

Agradeço primeiramente aos meus familiares e amigos, que me apoiaram e incentivaram nesta realização, em especial ao Ricardinho, que me motiva a buscar o melhor a cada dia. Também agradeço a Deus, por me proporcionar as oportunidades certas, e ao Antonio Muniz, por esta valiosa experiência de aprendizado com as equipes de curadoria e autores da Jornada Colaborativa.
Maria Goreti Macena

Agradeço a todos os autores por terem compartilhado seu conhecimento e suas experiências com tantas pessoas e aos nossos queridos leitores, por prestigiarem nosso projeto e principalmente pela busca contínua de aprendizado. Juntos somos mais fortes!
Thalita Fabro

Sobre os organizadores

Antonio Muniz. CEO e Fundador da Advisor 10X | Curador e Moderador de Eventos | Palestrante e Coordenador de MBAs | Fundador da Jornada Colaborativa | Autor e Curador de 30 livros sobre tecnologia, agilidade, *DevOps*, SRE, liderança, inovação | *Advisor* e *Board Member* | Mentor Carreira 10X. Colaborou com mais de 30 mil pessoas e mais de 100 times em consultorias, mentorias, cursos de MBA, *bootcamps*, videoaulas, *workshops* e palestras em empresas líderes de mercado, como SulAmérica, Petrobras, Vivo, Itaú, Oi, Furnas, Eletrobras, Energisa, Via Varejo, DHL, Accenture, Icatu, Banco do Brasil, Banco Safra, Banco PAN, Citibank, Ernst & Young, Finep, Sebrae, UOL, Pagseguro, Makro, Totvs, Jucesp, Ambev Tech, Dafiti, Meta, Banco Carrefour, Prudential etc. Como fundador e *headhunter* da Jornada Colaborativa, formou novas lideranças, com R$ 553 mil doados para instituições com o lançamento de 41 livros e eventos com empresas amigas. Sua formação tem uma base multidisciplinar em negócios, tecnologia e liderança, com mestrado em administração no Ibmec, MBA em telecomunicações na FGV, graduação em tecnologia na Unigranrio e certificações em agilidade, *Lean* tecnologia, projetos, processos e serviços

<https://www.linkedin.com/in/antoniomunizoficial/>.

Cíntia Guberovic. Certificada em Liderança pela Harvard Business e em Estratégias de Negociação pela Michigan University, tem longa carreira em TI e há 11 anos atua com agilidade estratégica. Acredita fortemente na melhoria contínua como alavanca de resultado de negócios e que é possível fazer cada dia melhor o que já fazemos bem.

Atua como gerente de agilidade em uma grande empresa do ramo de cosméticos e é apaixonada pela forma como pequenas intervenções na sociedade geram um mundo melhor e criam oportunidades a todos.

Ama viajar e já esteve em 40 países visitando diferentes culturas, hábitos e crenças religiosas. Índia, Israel e Turquia estão entre seus destinos favoritos.

<https://www.linkedin.com/in/c%C3%ADntia-guberovic-909914b8/>.

Maria Goreti Macena. Bacharel em Matemática com ênfase em Informática, MBA em Sistemas de Informação e Governança de IA e Dados. Certificações ITIL®, COBIT®, *Scrum Master, Lean IT, Design Thinking* (UX e CX), *Scrum, DevOps*, VeriSM, LGPD, Auditor Líder ISO 27001/ISO 42001 e SGI.

Facilitadora HDI Brasil, Management 3.0 e Certiprof. Membro do Comitê SAB (*Strategic Advisory Board*) e consultora/auditora dos Programa SCC (*Support Center Certification*) e CSS (Centro de Suporte a Software).

Experiência de mais de 25 anos como gestora em multinacionais prestadoras de serviços de TI, em apoio a operações de *workplace management*, governança corporativa e operacional, planejamento e gestão da força de trabalho, processos e experiência do cliente, incluindo contratos privados e públicos, destacando habilidades de análise e otimização de processos com uso de mapeamentos baseados em SIPOC, BPMN, *customer journey*, análise de dados, fluxo de valor, análise de desempenho, OKRs, gestão de projetos, liderança de pessoas e relacionamento com clientes/fornecedores.

<https://www.linkedin.com/in/maria-goreti-macena-03305419/>.

Thalita Fabro. Formada em Administração de Empresas e MBA em Finanças, com 18 anos de experiência no mercado bancário e atualmente enriquecendo sua bagagem na área da saúde. Atuou por mais de 10 anos em Finanças, e depois de passar pelo mundo de projetos fez transição de carreira para a agilidade, onde teve o privilégio de liderar times incríveis, focados em extrair o melhor das pessoas, gerando resultados sustentáveis e de forma agnóstica, ou seja, entendendo os contextos e as necessidades e então aplicando os melhores métodos e práticas.

Atualmente tem o prazer de liderar uma superintendência de Tecnologia, à frente dos temas de estratégia, VMO, agilidade e gestão financeira de TI.

Compartilho com vocês minha frase de vida: "Se passarmos por esta vida sem termos feito a diferença na vida de alguém, então não terá valido a pena".

<https://www.linkedin.com/in/thalita-n-fabro-5b3a9953/>

Sobre a Brasport

Há 29 anos, a Brasport é referência em publicações de tecnologia, gestão e carreira.

Nosso catálogo, disponível em www.editorabrasport.com.br, é composto por obras que você encontra tanto em livrarias físicas, como na Amazon e em eventos especializados.

Além disso, nossas publicações estão acessíveis em uma plataforma digital que alcança 4 milhões de assinantes, distribuídos em 900 universidades e empresas.

Quer se unir a essa trajetória de sucesso? Entre em contato conosco pelo e-mail: administrativo@brasport.com.br.

BRASPORT